UNE HEURE EN SICILE

UN COUP D'ŒIL SUR LE PORTUGAL

DEUX CONFÉRENCES

FAITES A LA SOCIÉTÉ DE GÉOGRAPHIE DE PARIS

ACCOMPAGNÉES DE DEUX CARTES

PAR

Alexandre BOUTROUE

Chargé de missions archéologiques du Ministère de l'Instruction publique
et des Beaux-Arts
Associé correspondant de la Société des Antiquaires de France

EXTRAIT DE LA *REVUE DE GÉOGRAPHIE*
(Septembre–Octobre–Décembre 1894. Janvier 1895)

PARIS

ERNEST LEROUX, ÉDITEUR

28, RUE BONAPARTE, 28

1895

UNE HEURE EN SICILE

UN COUP D'ŒIL SUR LE PORTUGAL

DU MÊME AUTEUR

———————

Rapport à M. le Ministre de l'Instruction publique et des Beaux-Arts sur une mission archéologique en Portugal et dans le sud de l'Espagne. Extrait des *Archives des missions scientifiques et littéraires*, in-8. Ernest Leroux, éditeur, 1893.

L'Algérie et la Tunisie à travers les Ages. Deux conférences accompagnées de deux cartes, in-8. Ernest Leroux, éditeur, 1893.

La Palestine et la Syrie à vol d'oiseau, avec une carte. Extrait de la *Revue de Géographie*, in-8. Ernest Leroux, éditeur, 1894. 1 franc.

Les Explorations des Portugais antérieures à la découverte de l'Amérique. Conférence faite à l'Athénée de Madrid par J. P. de Oliveira Martins, traduite de l'espagnol par Alexandre Boutroue, avec une préface, des notes du traducteur et une carte, in-8. Ernest Leroux, éditeur, 1893.

UNE HEURE EN SICILE

UN COUP D'ŒIL SUR LE PORTUGAL

DEUX CONFÉRENCES

FAITES A LA SOCIÉTÉ DE GÉOGRAPHIE DE PARIS

ACCOMPAGNÉES DE DEUX CARTES

PAR

Alexandre BOUTROUE

Chargé de missions archéologiques du Ministère de l'Instruction publique
et des Beaux-Arts
Associé correspondant de la Société des Antiquaires de France

EXTRAIT DE LA *REVUE DE GÉOGRAPHIE*
(Septembre-Octobre-Décembre 1894, Janvier 1895)

PARIS

ERNEST LEROUX, ÉDITEUR

28, RUE BONAPARTE, 28

1895

I

UNE HEURE EN SICILE

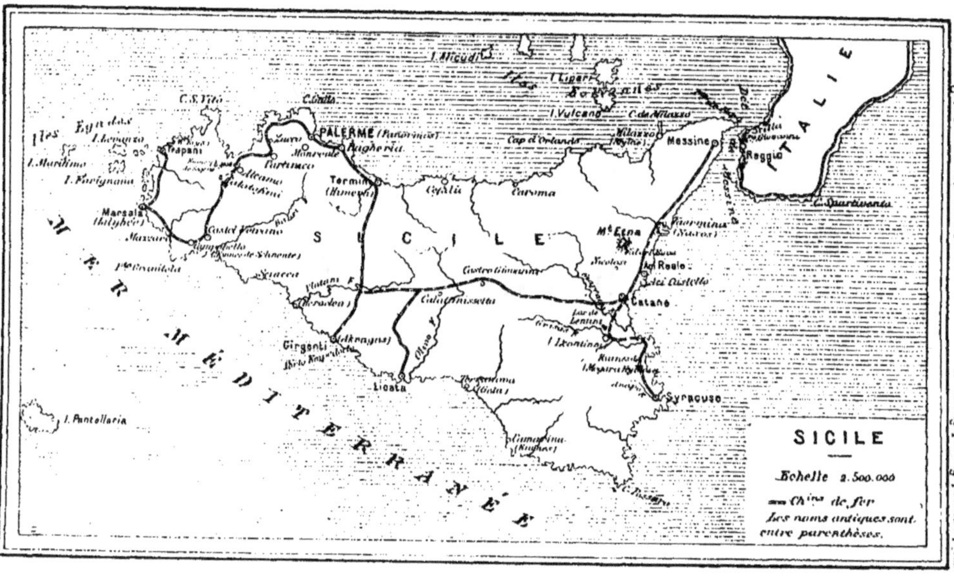

SICILE
Echelle 2.500.000
Chin de fer
Les noms antiques sont entre parenthèses.
MER MÉDITERRANÉE
SICILE
ITALIE
PALERME (Panormus)
Messine
Reggio
Marsala (Lilybée)
Trapani
Termini (Himera)
Cefalù
Catane
Syracuse
Girgenti (Akragas)
Licata
Mt Etna
Iles Egades
I. Levanzo
I. Marittimo
I. Favignana
I. Pantellaria
Cap d'Orlando
I. Vulcano
Lipari
Sciacca
Calatanissetta
Castrogiovanni
Institut Géographique de Paris, 15, rue Soufflot
LIBRAIRIE CH. DELAGRAVE, 15, RUE SOUFFLOT, PARIS
Revue de Géographie dirigée par M. L. Drapeyron

UNE HEURE EN SICILE

MESSIEURS,

Le pays dont je vais avoir l'honneur de vous entretenir est actuellement dans un état peu prospère, mais son passé évoque les plus grands souvenirs.

A deux époques différentes, la Sicile a brillé du plus vif éclat. C'est d'abord, dans l'antiquité grecque, pendant trois cents ans environ, du v au iie siècle avant Jésus-Christ, ou plus exactement de l'an 480 à l'an 212 avant notre ère : cette dernière date est celle de la prise de Syracuse par les Romains.

Treize siècles et demi plus tard, pendant une période de cent cinquante ans, sous la domination des rois normands de race française, et sous celle de l'empereur Frédéric II de la maison de Hohenstaufen, la Sicile a été le siège d'une civilisation raffinée, et a occupé en Europe le premier rang.

Les plus beaux monuments de la Sicile datent de ces deux époques. Ce sont : d'une part, les temples ou plutôt les ruines de temples grecs pour la première période, et les monuments de Palerme et de Monreale pour la seconde.

On a imprimé, en Angleterre, que la Sardaigne est plus grande que la Sicile. Si j'en dois croire notre grand géographe M. Élisée Reclus, c'est là une erreur, et la Sicile est la plus grande île de la mer Méditerranée, avec une superficie de 29,240 kilomètres carrés et 2,600,000 habitants; la population a, paraît-il, triplé depuis 1734.

La Sardaigne a 24,450 kilomètres carrés et 650,000 habitants, d'où il suit que la surface de la Sardaigne est égale aux cinq sixièmes de la surface de la Sicile, et que la Sicile est quatre fois plus peuplée que la Sardaigne.

Dans les temps géologiques, la Sicile était reliée à l'Italie; elle en est aujourd'hui séparée par le *détroit de Messine*, long de 30 à 40 kilomètres, et d'une largeur qui varie de 3,147 mètres à 10,000 mètres. Ses bords sont riants, la végétation luxuriante; il a une ressemblance lointaine avec le *Bosphore de Constantinople*, qui est semblable à un large fleuve sillonné par de grands navires. Le Bosphore a à peu près la même longueur que le détroit de Messine; mais sa largeur est plus constante, elle varie de 550 à 2,000 mètres.

La Sicile a une forme triangulaire. Les anciens l'appelaient *Trinacria*, l'île aux trois promontoires, et sur quelques-unes de leurs médailles, ils ont donné l'idée de cette forme en représentant le corps d'un homme étendu ayant trois jambes écartées à égale distance l'une de l'autre.

Elle est traversée par une petite chaîne de montagnes, *les Pélores* et *les Nébrades*, allant dans la direction est-sud-ouest, qui semble n'être que le prolongement des *Apennins*, et d'où découlent des torrents auxquels on ne peut pas décemment donner le nom de rivières.

L'*Etna* forme un groupe indépendant de cette petite chaîne de montagnes. C'est un des éléments principaux qui composent la beauté de la Sicile. Il se trouve sur la côte est, au sud du détroit de Messine; et se présente isolé, plein de majesté, plongeant son pied dans la mer, d'où il s'élève par une pente douce jusqu'à la hauteur de 3,317 mètres. Suivant une autre pente plus rapide, il descend dans les plaines de la Sicile. Son aspect est fier; son contour pur, et un panache de fumée, ondulant avec le vent, couronne sa tête neigeuse.

L'Etna est un monde à part, distinct du reste de la Sicile par ses productions, ses cultures et sa population. Il est plus beau que *le Vésuve* qui, comparé à lui, paraît bien modeste avec son altitude de 1,280 mètres.

Les pentes fort douces de l'Etna, formées par des coulées de lave, sont couvertes de roches brûlées, de sables noirs, mais elles sont assez faciles à gravir, sauf le cône final de cendres qui est un peu pénible; nous en ferons plus tard l'ascension. Au sommet, s'étend un panorama d'un rayon de 200 kilomètres.

L'Etna occupe 1,200 kilomètres carrés. Couvert d'une riche végétation presque tropicale, entretenue par la chaleur latente de sa lave, qui n'est jamais complètement refroidie, il se présente couvert de bosquets d'oliviers, d'orangers, de citronniers, d'agrumiers, d'amandiers, séparés par des haies de cactus et d'aloès.

Le développement de la base de l'Etna a 35 lieues; les villes s'y suivent comme les perles d'un collier. Par la richesse de sa végétation, il est comparable à la *Huerta de Valence*, en Espagne. Il y y a plus de 300,000 habitants sur les pentes de la montagne.

Le reste de l'île est sec et dénudé, sauf Palerme; il est vrai que je ne l'ai pas vue au printemps où, dit-on, la contrée toute entière est émaillée de fleurs.

Au nord, s'ouvrent quelques bons ports tels que celui de Palerme; la côte méridionale est ouverte, et ne présente pas d'abri sûr, mais le ciel y est très pur et les rochers et les montagnes y présentent des contours nets et précis comme ceux des côtes de l'Attique.

La campagne est verte, même en hiver; le climat est plus chaud qu'à Naples. Palerme et Taormina sont des stations d'hiver aujourd'hui très fréquentées, surtout par les Anglais et les Américains.

A Palerme, il y a des palmiers et de beaux jardins de plantes rares et équinoxiales; mais le vent du sud-est, *le siroco*, y souffle souvent, comme en Provence, d'une façon très désagréable.

La Sicile produit le quart de la récolte totale en vin du royaume d'Italie; cette culture est principalement dirigée par des étrangers, par des Anglais; le vin y est à bon marché; il est excellent; quelques crus sont célèbres, notamment ceux de *Zucco* appartenant à M. le duc d'Aumale, de *Marsala* et de *Syracuse*. Cette culture traverse une crise redoutable due à la suppression des traités de commerce entre la France et l'Italie, et principalement aux progrès du phylloxéra, qui avait envahi en Sicile, à la fin de l'année 1891, 123,486 hectares de vignes sur les 141,219 hectares qui sont phylloxérés dans tout le royaume d'Italie.

La Sicile fournit les quatre cinquièmes du soufre employé dans le monde tout entier; mais cette source de richesse commence aussi à se tarir, par suite de la substitution de la pyrite de fer et

et de cuivre au soufre natif pour la fabrication de l'acide sulfu-
rique.

Bien que la moitié des terres mises en culture produisent des
céréales, elles y sont peu abondantes, et cependant la Sicile a été,
avec l'Égypte et la province proconsulaire d'Afrique, aujourd'hui
la Tunisie, le grenier de Rome! C'est que la terre était alors cultivée par des esclaves.

La terre appartient encore aujourd'hui à un petit nombre de
grands propriétaires, héritiers des feudataires normands, et le
paysan n'a pas intérêt à la cultiver parce qu'il ne la possède presque
jamais. La population est indolente comme en Irlande; les propriétaires habitent rarement le pays, ils manquent souvent de
capitaux et la terre aurait besoin d'engrais. Les procédés de culture
sont primitifs; il n'y a pas assez de bâtiments de ferme; l'ouvrier
agricole est souvent obligé de faire 10 kilomètres à pied pour
aller à son travail; enfin le défaut de sécurité n'est pas de nature
à encourager les propriétaires à faire les frais nécessaires pour
tirer parti de toutes les ressources du pays. Les plaines désolées
par la *mal'aria* pourraient cependant être reconquises à la fertilité par des travaux d'endiguement, de canalisation, par des plan-
tations nombreuses et un accroissement successif de population.

Le Sicilien a conservé de ses ancêtres de vieilles habitudes
pastorales; il y a beaucoup de troupeaux de chèvres; on voit
que nous sommes dans le pays des *Bucoliques*. Le peuple est
généralement ignorant, superstitieux, d'aspect misérable. Les
rues des villes sont encombrées de *lazzaroni* qui vont le plus souvent pieds nus. Cependant, sur les pentes de l'Etna, la population
est ouverte et gaie, mais elle est plutôt d'un caractère sombre et
jaloux à Palerme et dans l'ouest de la Sicile, où les Arabes ont fait
un séjour prolongé. On y rencontre rarement les femmes seules
dans les rues. Enfin, d'anciennes habitudes de brigandage dues
aux Phéniciens, aux Grecs, aux Arabes, et au joug qui a si longtemps pesé sur la population, se sont continuées jusqu'à nos jours.

La *Maffia* est une association de malfaiteurs justement redoutée,
qui se recrute dans toutes les classes de la société. Suivant un jour-
nal de date récente *la Geografia per tutti* du 30 avril 1894,
« les assassinats se comptaient en Sicile chaque année par milliers,
« au siècle dernier. Les vols s'élevaient au chiffre de 30,000, et les
« empoisonnements dans les villes étaient si nombreux, qu'on dut

« créer une chambre des poisons, *una giunta di veneni*, pendant
« que les prisons regorgeaient de contrebandiers et de criminels
« qui avaient attenté à la propriété ». On comprend qu'un pareil
état de choses n'a pas pu complètement disparaître depuis le peu
de temps que la Sicile a été incorporée au royaume d'Italie.

Il y a vingt-cinq ans, il n'y avait pas de routes en Sicile, les com-
munications se faisaient par mer seulement, et la route de Messine
à Palerme n'était pas fréquentée, suivant M. Elisée Reclus, par
plus de quatre cents voyageurs par an. C'est ainsi qu'en 1869,
lorsque je vins en Sicile pour la première fois, c'est par mer que
je fis ce trajet. Il y a quinze ans seulement, les diligences étaient
encore accompagnées par une escorte de *carabinieri* (gendarmes).

Le refroidissement des rapports entre la France et l'Italie est
plus sensible en Sicile que dans le reste du royaume, et les Français n'y sont pas, en ce moment, aussi bien accueillis qu'à Rome
et que dans le nord de l'Italie.

Il est intéressant de rappeler les grands traits de l'histoire de la
Sicile si l'on veut comprendre ses monuments.

La plus ancienne population indigène et autochtone fut celle
des *Sicanes* ou *Sicules* qui parlait un idiome latin, comme *les
Samnites* et *les Osques*. En cherchant bien, on trouverait sûre-
ment représentés sur les monuments pharaoniques, des Sicules
parmi les populations qui furent soumises à l'Égypte, ou qui lui
prêtèrent des mercenaires pour entreprendre ses vastes conquêtes
en Asie et en Afrique. Mais cela est antérieur à l'histoire écrite et
ne relève que de l'histoire monumentale.

Par sa fertilité et sa position géographique au milieu de la mer
Méditerranée, la Sicile tenta de bonne heure les peuples maritimes,
et, dès le x⁵ siècle avant Jésus-Christ, *les Phéniciens* puis plus
tard *les Grecs* et *les Carthaginois*, y fondèrent des colonies sur
les côtes, et refoulèrent les Sicanes dans l'intérieur de l'île.

Les Carthaginois ont laissé peu de monuments : quelques stèles
à *Lilybée*, dont *Marsala* occupe aujourd'hui l'emplacement, et un
mur au *mont Eryx*, près de *Trapani*, où un temple élevé à Vénus
attirait un grand nombre de fidèles.

Du vⁱⁱⁱᵉ au ivᵉ siècle avant Jésus-Christ, de nombreuses colonies
grecques y furent fondées par des villes de la Grèce propre, de
l'Ionie et de l'Asie Mineure, telles que Corinthe, Sicyone, Mégare,
Ephèse, Milet, Rhodes, Smyrne, Halicarnasse, etc.

Les principales villes de Sicile qui ont joué un rôle à l'époque de la domination grecque sont Naxos, Syracuse, Leontium, Catane, Mégara-Hyblæa, Messine, Himera, Camarina, Géla, Sélinonte, Agrigente, Panormos (Palerme), Egesta. Ces villes nous sont connues par quelques textes des historiens anciens, et surtout par les monnaies qui y étaient frappées et qui figurent au nombre des plus belles du monde grec.

S'il n'est pas bon de dire avec l'*Ecclésiaste*, que « *tout n'est que vanité et tourment d'esprit* », parce qu'une semblable doctrine tuerait toute espèce d'esprit d'initiative et anéantirait toute énergie, il faut bien reconnaître que la substance même des choses nous est inconnue, que nous sommes entourés d'illusions, et que la réalité nous demeure le plus souvent cachée. Aussi, devons-nous être reconnaissants aux peuples qui, comme les Grecs, ont eu une imagination vive et créatrice qui leur a permis de recouvrir comme d'un voile léger et transparent les brutales réalités de la vie. Quels mythes gracieux, quelles poétiques légendes ils ont inventés !

A cause de sa fécondité, ils ont fait de la Sicile la terre de *Déméter*, la déesse mère comme l'indique son nom, celle que les Romains appelaient *Cérès*. Sa fille *Perséphoné* ou *Proserpine* cueillait des fleurs sur les bords du *lac de Pergusa*, dans l'intérieur de la Sicile, lorsque *Pluton* sortit des entrailles de la terre, sur un char, armé de son trident, et l'emporta dans son sombre séjour. Vous connaissez la suite de la légende : Déméter à la recherche de sa fille, des flambeaux allumés dans ses deux mains; puis portant à l'*Olympe* sa plainte contre le ravisseur, et l'assemblée des dieux ordonnant que Perséphoné passera six mois avec Pluton dans son empire souterrain, et six mois sur la terre avec sa mère.

N'est-ce pas une gracieuse image qui représente le cycle annuel des saisons, la terre dépouillée de sa parure, c'est-à-dire de Perséphoné pendant les six mois d'hiver, et fleurissant de nouveau pendant les six autres mois? Nous possédons des vases grecs sur lesquels sont peintes toutes ces poétiques légendes.

Les flammes de l'*Etna* sortaient pour les anciens des ateliers de Vulcain où il faisait travailler les *Cyclopes*. C'est en Sicile qu'Homère a placé l'épisode d'*Ulysse* et de *Polyphème*. Les monstres de *Charybde* et de *Scylla* étaient une image des difficultés de la navigation.

A l'époque de la plus brillante floraison de l'art grec, du vi^e au

IIIe siècle avant Jésus-Christ, furent élevés les temples dont les ruines sont aujourd'hui le plus bel ornement de la Sicile.

De grands artistes sont nés dans ce pays, ou sont venus y travailler. Ce n'est pas tout ; la Sicile a vu naître aussi des écrivains et des savants, tels que le physicien et ingénieur *Empédocle*, l'historien *Diodore*, le géomètre *Archimède*, le poète *Théocrite*; elle fut visitée par *Pythagore*, par *Platon*, par *Thucydide*; le poète *Euripide* y mourut.

En l'an 486, le jour même où *Thémistocle* battit les Perses à *Salamine*, *Gélon* tyran de Syracuse, remportait sur les Carthaginois une grande victoire à *Himera*, près de Palerme. La population était alors riche et trois ou quatre fois plus nombreuse qu'aujourd'hui. La Sicile comptait des villes de 200,000 jusqu'à 600,000 âmes. Diodore nous apprend que *Lilybée*, qui fut la principale ville des Carthaginois, avait 900,000 habitants! n'est-ce pas le cas de dire : *Græcia mendax?*

Elle a été décrite par les géographes anciens, *Strabon*, *Ptolémée*, *Pline l'Ancien*, *Pomponius Méla*. Les historiens *Thucydide*, *Polybe*, *Diodore*, *Tite-Live* ont raconté les épisodes les plus brillants de son histoire; *Virgile* y place le cinquième livre de son *Énéide* et y fait mourir *Anchise*, le père d'*Énée*, au mont Eryx.

C'est en Sicile que s'est décidé le sort de la *guerre du Péloponèse*, entre Sparte et Athènes. Suivant les funestes conseils d'*Alcibiade*, un ambitieux qui, comme tant d'autres, n'hésita pas à jeter son pays dans les plus funestes aventures, dans l'espérance d'y trouver un renom et de la gloire, Athènes avait entrepris de faire la conquête de Syracuse, sans avoir prévu les difficultés qu'elle rencontrerait, et sans connaître la puissance de l'ennemi auquel elle s'attaquait. Elle employa toutes ses ressources à construire et à équiper une flotte sur laquelle elle embarqua le meilleur de sa population. Thucydide nous a laissé un récit immortel de ce siège de Syracuse qui se termina par la défaite des Athéniens, en l'an 413 avant Jésus-Christ. Athènes ne se releva jamais complètement de ce coup.

Malheureusement, toutes ces petites républiques grecques se jalousaient; elles transportaient dans leurs colonies les haines qui divisaient les métropoles; elles passaient leur temps à se combattre et à s'anéantir. C'est ainsi que *Sélinonte* détruisit *Ségeste* et fut, quelques années plus tard, à la fin du ve siècle avant Jésus-Christ, détruite elle-même par les Carthaginois.

Ce fut la question de la domination de la Sicile qui amena les *guerres Puniques* entre Rome et Carthage. La Sicile était, en effet, une proie bien tentante pour ces peuples qui avaient une civilisation moins raffinée qu'elle. En 212 avant Jésus-Christ, après un siège de trois ans, dont Tite-Live nous a laissé le récit, *Syracuse* fut prise par trahison par les Romains, malgré le génie d'*Archimède*.

Rome la posséda pendant six siècles. On y rencontre cependant peu de monuments romains, moins même que dans notre Provence.

En l'an 75 avant Jésus-Christ, *Verrès* était préteur, c'est-à-dire gouverneur de la Sicile ; c'était un magistrat prévaricateur, cruel, cupide, mais un homme auquel les artistes et les archéologues pardonneront beaucoup parce qu'il était un amateur d'art délicat et passionné. Il pillait les temples, et n'hésitait pas à puiser dans les collections des particuliers pour enrichir ses propres collections. Les Siliciens s'adressèrent à Cicéron, qui avait été magistrat dans l'île où il avait laissé de bons souvenirs, et le chargèrent de prendre leur défense contre le préteur. Cicéron, avant d'accepter cette mission, visita la Sicile pendant soixante jours, et on trouve, dans ses *Verrines*, c'est-à-dire dans les plaidoiries qu'il a écrites, mais non pas prononcées contre Verrès, un tableau des richesses artistiques que possédait la Sicile, tableau qui nous montre la pauvreté de nos musées en objets d'art anciens et qui nous fait maudire les barbares qui ont détruit tant de chefs-d'œuvre.

La Sicile fut ruinée par la cupidité des Romains et des barbares, *Vandales* et *Visigoths*, venus des steppes de l'Asie et des forêts de la Germanie.

Au vi^e siècle de notre ère, les *Grecs de Byzance* ou plutôt de *Constantinople*, s'en emparent. Ils tenaient d'une main défaillante le flambeau de la civilisation près de s'éteindre ; c'étaient les derniers représentants de la culture grecque et romaine.

Du ixe au xie siècle de notre ère, pendant deux cent cinquante ans, les *Arabes* y dominèrent, ils étaient alors au comble de leur puissance et de leur civilisation. Ils comptaient parmi eux des poètes et des humanistes, traducteurs d'Aristote et de Ptolémée : quelques ouvrages anciens ne nous sont même connus que par des traductions arabes. Ils avaient des savants, des géographes, des astronomes, des médecins, des mathématiciens, des philosophes; j'hésite à ajouter des artistes, parce que je crois qu'ils employaient surtout des Grecs et des Byzantins pour exécuter leurs œuvres d'art.

Leurs procédés de culture et d'irrigation étaient perfectionnés, ainsi qu'on peut s'en rendre compte encore aujourd'hui, en visitant la province de Valence, en Espagne, dont la fertilité a été entretenue par la continuation des moyens que les Arabes avaient imaginés. Un seul mot donnera une idée du développement de leur civilisation à cette époque; la bibliothèque de Cordoue comptait, au xe siècle, 600,000 volumes, tandis que la première bibliothèque fondée en France par Charles V, à la fin du xive siècle, ne réunissait que 900 volumes!

Il y a cependant moins de monuments arabes en Sicile qu'en Espagne, où les Arabes sont restés plus de sept siècles. Vous n'y trouverez ni les *mosquées de Tolède et de Cordoue*, ni l'*Alcazar et la Giralda de Séville*, ni le *Palais de l'Alhambra de Grenade*: mais la Sicile a été le lieu où s'est effectué le rapprochement, la fusion la plus complète entre l'art arabe et l'art de l'Europe occidentale. Nous verrons ce que ce rapprochement a produit.

Au xiie siècle, un prince normand établi dans la Pouille, au sud de l'Italie, un neveu de *Robert Guiscard* (l'Avisé), fut appelé par les Siciliens; il chassa les Arabes ou plutôt il les domina. Ce fut le début d'une nouvelle période d'éclat pour la Sicile qui dura près de cent cinquante ans, de 1120 à 1266. Il est juste de rappeler devant un auditoire français, les noms de ces rois d'origine française qui surent s'assimiler la civilisation du peuple vaincu; je veux parler de *Roger II*, de *Guillaume Ier* et de *Guillaume II*.

Sous Roger II, *Edrisi* rédigea à la cour de ce roi, à Palerme, sa grande géographie arabe.

Les rois normands furent remplacés par *Frédéric II de Hohenstaufen*, un génie complexe, mais une grande figure de l'histoire et un homme d'un esprit large et tolérant. Sa cour était arabe et grecque plutôt que saxonne et italienne. Comme à Rome, après la conquête de l'Hellade, et une fois de plus dans l'histoire, *Græcia capta ferum victorem cepit*, le vainqueur fut adouci, policé, instruit par le vaincu, qui était plus civilisé que lui.

A Palerme, on parlait alors le français, le grec, l'hébreu, l'arabe et l'italien. Les monuments de cette époque ont été justement qualifiés de *style normando-arabe*. Ils sont sur un plan français, avec des arcs arabes et une décoration byzantine. Dans l'intérieur des églises de cette époque, se rencontrent des inscriptions grecques et arabes indiquant la nationalité des artistes qui y ont travaillé. De cette époque datent une partie de la *cathédrale de Palerme*, la *chapelle palatine*, les *églises Saint-Jean-des-Ermites* et de la *Martorana*, les *palais de la Ziza et de la Cuba*, la *cathédrale de Monreale*.

Mais cette période de prospérité et de floraison artistique fut de courte durée. En 1266, *Charles d'Anjou*, frère de saint Louis, remplaça les enfants de Frédéric II que le pape avait dépossédés. Charles d'Anjou était un esprit étroit, intolérant, violent; il ne sut que se faire détester par ses nouveaux sujets. Une cause futile, un acte de brutalité commis par un gentilhomme angevin sur une jeune fille de Palerme, mit le comble à la colère populaire et donna naissance aux *Vêpres siciliennes*. Le 30 mars 1282, sept à huit mille Français, presque tous ceux qui se trouvaient dans l'île, étaient massacrés avec une cruauté devenue légendaire, et le reste en était chassé.

La Sicile a appartenu depuis aux *Aragonais*, aux *Espagnols;* au *roi de Naples;* enfin, en 1860, *Garibaldi* débarque à *Marsala* avec les *Mille*. C'est un mouvement analogue à celui des Vêpres siciliennes, en ce qu'il est l'expression d'un vif sentiment national; mais il est moins cruel et moins sanguinaire. En quelques jours, les Bourbons sont chassés, l'île est conquise et elle est réunie au royaume d'Italie.

En résumé, la Sicile a toujours été dominée par les étrangers : Phéniciens, Grecs, Carthaginois, Romains, Byzantins, Arabes, Français (Normands et Angevins), Allemands, Aragonais, Espagnols, Napolitains. Nul doute que la Sicile ne fût une des régions les plus prospères du monde, si elle n'avait pas été ravagée par la guerre, et si un régime d'oppression n'avait presque constamment pesé sur elle ? Aujourd'hui elle se relève, mais très lentement. Le jeune royaume a fait beaucoup pour elle : M. *Crispi*, son premier ministre, est un enfant de la Sicile, mais l'œuvre est bien difficile.

Les chemins de fer, actuellement très développés, devraient assurer la sécurité; il n'en est rien cependant, et la Sicile paraît vouloir retourner d'elle-même à la barbarie, quand on voit que, malgré l'énergique répression exercée par le *général Pallavicini*, le brigandage ne peut en être extirpé, et qu'il est devenu de nouveau dangereux d'aller visiter des ruines éloignées comme celles de Ségeste et de Sélinonte.

N'y a-t-il pas un enseignement à tirer de cette revue rapide des destinées de la Sicile? Les guerres qui l'ont ravagée n'ont laissé aucune trace; il n'en reste que quelques noms et les récits des historiens anciens qui nous montrent trop souvent la férocité de la nature humaine, et qu'il est toujours vrai de dire que l'homme est un loup pour son semblable (*homo homini lupus*). On y voit le retour et les vicissitudes perpétuelles des choses humaines, les vainqueurs d'aujourd'hui devenant les vaincus du lendemain.

Mais, en même temps que ces événements s'accomplissaient, les lettres et les arts de la paix florissaient : les Grecs construisaient des temples admirables, sculptaient des statues, peignaient des vases, frappaient des médailles, gravaient des pierres fines que les artistes, antiquaires et archéologues recherchent avec passion.

Plus tard, les Normands, les Grecs de Byzance et les Arabes élevèrent les monuments de Palerme. Tous ces monuments sont des modèles pour l'artiste; ils charment les yeux, élèvent l'esprit, forment le goût, et consolent de la platitude de la vie courante et de la banalité de certaines productions artistiques de notre époque. *Floret artibus patria :* il n'y a que les lettres, les sciences et les arts qui donnent une gloire durable.

Revenons à la Sicile contemporaine et jetons un coup d'œil sur le pays et ses monuments.

Le bateau met de quinze à dix-huit heures pour aller de Naples à Palerme ou à Messine; il longe les *îles Éoliennes ou de Lipari*, où le *dieu Éole* tenait les vents enfermés dans des outres. Au milieu de ces îles, s'élèvent les flammes et la fumée ondoyante de deux volcans en activité : le *Stromboli* et le *Volcano*. Le Stromboli fournissait toutes les pierres ponces employées dans le monde entier; la formidable éruption du *volcan de Krakatoa*, en 1883, dans les *îles de la Sonde*, lui a fait une terrible concurrence.

L'*île Lipari*, la plus grande de toutes, qui contient à elle seule les trois quarts des habitants de tout l'archipel (14,000 sur 18,000 habitants), produit le *vin de Malvoisie*. Au début de ce siècle, on y découvrit des bains antiques qui furent immédiatement recouverts par ordre de l'évêque, pour soustraire l'île à l'influence des étrangers et à la démoralisation qu'ils n'auraient pas manqué d'apporter avec eux.

Un peu plus loin, à gauche, se profile la ville de *Scylla* sur la côte italienne, en face de l'ancienne *Charybde* qui est aujourd'hui *Faro*, à la pointe septentrionale de la Sicile et à l'entrée du détroit de Messine. Les progrès de la navigation ont rendu bien inoffensifs les écueils et les courants dont les anciens avaient fait des monstres redoutables.

Voici l'itinéraire que nous allons suivre[1] : de *Messine*, nous irons à *Taormina*, et de là à *Catane* où nous ferons l'*ascension de l'Etna*, puis à *Syracuse*, *Agrigente*, *Palerme*, *Ségeste* et *Sélinonte*.

En face de Messine[2] s'étend la côte de la *Calabre*, dominée par le massif montagneux et boisé d'*Aspromonte* qui s'élève jusqu'à 1,914 mètres. Le 29 août 1862, Garibaldi y fut blessé au pied et fait prisonnier par le *général Pallavicini*. *Reggio*, la petite ville italienne de 16,000 âmes qui se trouve de l'autre côté du détroit, est entourée de bosquets d'orangers. C'est une ancienne colonie grecque de l'*Eubée*.

A *Messine* (70,000 âmes), il n'y a que des curiosités d'ordre secondaire. La reconnaissance publique a élevé une statue de bronze à *Don Juan d'Autriche*, fils naturel de Charles-Quint, le jeune héros de 26 ans, qui gagna en 1571, la *bataille de Lépante* où il détruisit la marine des Turcs.

La cathédrale de Messine, achevée sous Roger II, fut depuis souvent remaniée. Elle est de style ogival primitif et précédée d'une fontaine en marbre que *Montorsoli*, un élève de Michel-Ange, éleva de 1547 à 1551.

De Messine à Syracuse, le chemin de fer suit le bord de la mer en passant par Catane. Au milieu de la route de Messine à Catane, nous nous arrêterons à *Taormina*, l'ancienne *Tauromenium*, où se trouve un théâtre grec qui fut reconstruit à l'époque romaine. La scène est assez bien conservée, mais les gradins sont en mauvais état. Ce théâtre est situé sur une éminence de 120 mètres à pic au-dessus de la mer. Des gradins supérieurs, on a une vue magnifique sur le cône neigeux de l'Etna dominé par son panache de

---

1. Voyez la **carte jointe** à cette conférence.
2. La conférence était accompagnée de projections photographiques dont on trouvera l'indication en marge.

fumée, et sur la mer. Des milliers d'esclaves révoltés furent égorgés dans le théâtre de Taormina, pendant la première guerre servile, en l'an 132 avant Jésus-Christ.

Je dois à l'obligeance du fils de M. *Viollet-le-Duc*, le grand architecte, de pouvoir vous montrer cette restitution du théâtre de Taormina, due à son père. L'original est une superbe aquarelle qui est déposée à la bibliothèque du musée du Trocadéro.

Restitution du théâtre de Taormina

Un peu avant d'arriver à Catane, le chemin de fer longe des rochers baignés par la mer et auxquels on a donné le nom d'*écueils des Cyclopes*. Ce lieu a conservé le nom d'*Acis*, le rival heureux de *Polyphème* auprès de *Galatée*. Dans une de ses *bucoliques*, *Théocrite* a chanté la jalousie du cyclope. Suivant une autre légende, ces rochers ne sont autre chose que les pierres que Polyphème lança contre *Ulysse* et ses compagnons fuyant sur les flots, après qu'ils eurent brûlé son œil unique. Les chèvres viennent baigner leurs pattes dans la mer. Nous sommes dans la terre classique chantée par Homère et par Théocrite.

Les écueils des Cyclopes à Aci-Castello.

Catane est une ville de 100,000 âmes, construite au pied et sur la lave de l'Etna, qui a coulé jusque dans la mer. C'est la patrie du compositeur tendre et langoureux *Bellini*, qui mourut à Paris en 1835, à l'âge de 33 ans.

Vue générale de Catane et de l'Etna.

On part de Catane, pour faire l'*ascension de l'Etna*, en voiture jusqu'à *Nicolosi*, à 14 kilomètres : on circule sur une lave noire qui donne au pays l'apparence d'un pays de mines de charbon, contrastant avec les citronniers, les agrumiers et les amandiers qui recouvrent le sol.

L'Etna peut être divisé en trois régions naturelles. Jusqu'à Nicolisi, qui est à l'altitude de 670 mètres, c'est la *région cultivée :* de 670 mètres à 2,110 mètres, s'étend la *région boisée*, couverte d'arbres de nos pays et, jadis, de grandes forêts qui n'ont disparu qu'au xvie siècle. Au-dessus de 2,110 mètres jusqu'au sommet (3,317 mètres), on trouve la *région déserte*.

La *Casa ingles* sur l'Etna.

On compte plus de quatre-vingts éruptions depuis les temps historiques. Les plus terribles sont celles de 1669 et de 1693. Cette dernière fut accompagnée de tremblements de terre; quarante villes furent détruites, et de 60 à 100,000 personnes périrent. Il y a eu dix-huit éruptions dans le siècle où nous sommes.

L'ascension commence à Nicolosi, où on prend des mulets qui vont, en sept heures, à la *Casa Inglese* (maison des Anglais) construite, à l'altitude de 2,942 mètres, par des officiers anglais au début de ce siècle, au moment où l'Angleterre occupait l'île pour résister à la domination de Napoléon.

L'*observatoire du professeur Tacchini* a remplacé aujourd'hui la *Casa inglese*. Le *Club alpin italien* a fixé les prix qu'on doit payer pour les guides et pour les mulets; le guide est monté comme le voyageur. L'organisation est bonne et l'on n'a qu'à se louer de la complaisance des guides; toutefois, cette première partie du trajet est fastidieuse; vous traversez des coulées de lave d'époques diverses, qui ressemblent à des fleuves solidifiés qui courraient dans des directions différentes sans mélanger leurs eaux. On passe la nuit à la *Casa inglese*, où le froid est souvent très vif; il n'est pas rare, paraît-il, d'entendre les loups, que l'odeur des provisions attire.

Cône de cendres de l'Etna.

Le lendemain matin à 2 heures, départ. En une heure et demie, vous gravissez le cône final composé uniquement de cendres, et arrivez, dans l'obscurité, sur le bord du cratère d'où s'échappe une fumée abondante. Ce cratère est beaucoup plus grand qu'au Vésuve; il a de trois à cinq kilomètres de tour. Tout à coup une lueur paraît à l'est; c'est le soleil qui se lève dans la mer, au sud de l'Italie. Le cône de l'Etna se reflète dans le ciel, puis descend à mesure que le soleil monte. Au bout d'une demi-heure, le cône a disparu, et un vaste panorama de 400 kilomètres de diamètre s'étale sous vos pieds.

Au premier plan, s'étend un paysage lunaire, aride, formé de cratères éteints; plus loin, une riche végétation, puis *Taormina*, *Messine*, la mer à l'est et au nord, où les vapeurs de l'atmosphère la font pressentir quand on ne peut la voir. Il paraît que, par un beau temps, l'œil, au nord-est, peut découvrir les *îles Lipari* et, au sud-est, l'*île de Malte*. A l'ouest, les yeux se perdent dans les plaines de la Sicile; il est impossible de voir les *côtes de l'Afrique*. On descend par une autre route passant au pied de la *Torre del filosofo* (la tour du philosophe), où l'on voyait jadis un *observatoire d'Empédocle*, mais qui est plus probablement la ruine romaine d'un petit monument élevé, dans la première moitié du second siècle de notre ère, en commémoration de l'ascension de l'Etna faite par l'*empereur Adrien*.

Subitement, sous vos pieds la montagne se dérobe et forme une excavation de 1,000 mètres de profondeur et 5 kilomètres de lar-

geur; c'est la *Valle del bove* (la vallée du bœuf), à 2,900 mètres
d'altitude, paysage désolé, spectacle lunaire; on descend dans cette
vallée; trois heures après, vous êtes à Nicolosi d'où une voiture
vous ramène à Catane.

La ville de Syracuse (24,000 âmes) n'occupe que l'*île d'Ortygie*,
où était la citadelle antique reliée à la terre ferme. A gauche le *petit
port*, à droite le *grand port* où eurent lieu les batailles navales
entre les Athéniens et les Syracusains que Thucydide a racontées.

Syracuse fut, au IVe siècle avant Jésus-Christ, la plus grande ville
du monde grec; elle compta de 6 à 700,000 habitants. En outre
d'*Ortygie*, elle comptait quatre autres quartiers beaucoup plus
vastes, dont Thucydide nous a conservé les noms : *Achradine*,
Tyché, *Neapolis*, les *Epipoles*; elle était ceinte d'une muraille de
33 kilomètres de longueur, presque aussi longue que les fortifica-
tions de Paris, ce qui lui donnait une surface qui n'était pas très
sensiblement inférieure à celle de notre capitale. Ses richesses, ses
œuvres d'art, ses monnaies, les plus belles du monde grec, étaient
célèbres. Je vous ai déjà parlé du siège de *Marcellus* qui dura trois
ans et dans lequel périt Archimède; c'est de là que date le commencement de sa décadence.

Dans l'enceinte de la ville de Syracuse se trouvaient *les Latomies :* c'étaient des carrières antiques taillées par les esclaves à ciel
ouvert, et d'où furent extraits les matériaux qui ont servi à la
construction des édifices de la ville. Ces carrières d'une profondeur de 12 à 15 mètres, servaient aussi de prisons sûres et faciles
à garder. Les Athéniens *de Nicias et de Démosthène*, que les Syracusains firent prisonniers, au nombre de 7 à 8,000 en l'an 413
avant Jésus-Christ, furent enfermés dans ces latomies et y périrent
de faim et de misère. Elles n'étaient pas, comme aujourd'hui, couvertes de végétation.

L'oreille de Denys est une latomie taillée dans le roc en forme
d'oreille, et au sommet de laquelle les tyrans de Syracuse avaient
ménagé une petite chambre d'où, par un phénomène d'acoustique,
pouvaient être facilement entendues les conversations des prisonniers. Le roc a été taillé suivant cette forme bizarre, uniquement
pour ménager les gradins du théâtre que nous allons voir tout à
l'heure et qui se trouvent au-dessus. Denys, tyran de Syracuse,
venait, paraît-il, souvent entendre dans cette petite chambre les
propos que les prisonniers tenaient sur son compte.

Syracuse.

L'Oreille
de Denys.

A 20 mètres de la mer surgit la fontaine d'eau douce d'*Aréthuse*. Nous sommes à l'époque

> où le ciel sur la terre
> Marchait et respirait dans un peuple de dieux,
> .... où les nymphes lascives
> Ondoyaient au soleil parmi les fleurs des eaux,
> Et d'un éclat de rire agaçaient, sur les rives,
> Les faunes indolents couchés dans les roseaux;
> Où les sources tremblaient des baisers de Narcisse.

Le poète a un peu calomnié les nymphes antiques. Parmi elles, il s'en rencontrait parfois de sages et de pudiques, témoin *Aréthuse* qui, poursuivie dans *le Péloponèse, en Élide* près d'Olympie, par le fleuve *Alphée*, avait disparu sous terre pour reparaître à Syracuse. C'est un gracieux mythe qui montre l'étroite parenté qui unissait les Grecs de la Grèce propre aux Grecs de Sicile.

Le *papyrus* est une plante qui a disparu d'Égypte, sa patrie d'origine, mais il fut transporté ici par les Arabes et il pousse encore dans cette fontaine ainsi que dans le lit de l'*Anapo*, une des rivières des environs de Syracuse. Ainsi que l'a dit M. Renan[1] : « le papyrus, « sur lequel écrivaient les anciens, a rendu de grands services à « l'esprit humain, et mérite une place capitale dans l'histoire de la « civilisation ».

Mais revenons à la fontaine d'Aréthuse; les anciens disaient que parfois la source bouillonnait et qu'on pouvait apercevoir la tête du *fleuve Alphée* qui venait de nouveau troubler la tranquillité de la nymphe.

La tête d'Aréthuse figure sur la plus grande partie des monnaies de la Syracuse antique. Ces médailles sont les seuls monuments qui n'aient pas subi les atteintes du temps. Comme l'a dit M. de Hérédia dans un de ses plus beaux sonnets :

> Le temps passe. Tout meurt. Le marbre même s'use.
> Agrigente n'est plus qu'une ombre, et Syracuse
> Dort sous le bleu linceul de son ciel indulgent;
>
> Et seul, le dur métal que l'amour fit docile
> Garde encore en sa fleur, aux médailles d'argent,
> L'immortelle beauté des vierges de Sicile.

---

1. Voir *Revue des Deux Mondes*, 15 novembre 1875 : *Vingt Jours en Sicile*, par E. Renan.

La cathédra'e de Syracuse a été construite sur les fondements et en utilisant les colonnes d'un temple dorique, qu'un mur a simplement reliées entre elles et qui sont encore apparentes sur cette photographie. C'est peut-être le *temple de Minerve*, célèbre par ses richesses, et dont *Cicéron* a parlé dans *les Verrines*. *(Cathédrale de Syracuse.)*

Le théâtre de Syracuse fut construit au ve siècle avant Jésus-Christ, la meilleure époque de l'art grec, et depuis remanié par les Romains : des inscriptions grecques y sont encore visibles. La scène a disparu, sauf quelques substructions : il compte soixante et une rangées de gradins et *trois précinctions* ou sorte de paliers semi-circulaires qui divisaient les gradins en trois catégories de places réservées aux différentes classes de la société. C'était un des plus grands théâtres de l'antiquité ; il pouvait contenir 24,000 spectateurs. C'est là que les Athéniens prisonniers disaient les vers de Sophocle et d'Euripide et que leurs maîtres, reconnaissants des nobles jouissances qu'ils leur avaient ainsi procurées, leur accordaient parfois, en échange, la liberté. Les spectateurs pouvaient embrasser, quand ils étaient assis, d'un seul coup d'œil, la ville entière, ses temples et ses flottes. *(Théâtre de Syracuse.)*

Mais il faut reconnaître qu'il reste peu de chose aujourd'hui de la Syracuse antique, peu de chose en dehors de ses grands souvenirs avivés par la lecture des historiens.

Le *fort Euryale* est une forteresse grecque située dans le *quartier des Épipoles*, à l'extrémité ouest de la ville, c'est-à-dire à environ 8 kilomètres de la Syracuse moderne. Placée sur l'enceinte même de la ville, elle couronne une hauteur de 180 mètres d'altitude d'où l'on a une vue magnifique, et d'où les soldats syracusains purent apercevoir les Athéniens au moment où, après la destruction de leur flotte, ils se mirent en marche pour l'intérieur de l'île. Peu de jours après, les soldats de Nicias et de Démosthène tombaient tous prisonniers entre les mains des Syracusains. On fait remonter les fortification des Épipoles au règne de *Denys le tyran*, c'est-à-dire à la fin du ve siècle avant notre ère. *(Fort Euryale.)*

La rivière Anapo coule à quelques kilomètres au sud de Syracuse et se jette dans la mer. Ainsi que vous pouvez le voir, son cours est embarrassé et embelli par des touffes volumineuses de papyrus. *(Rivière Anapo.)*

Caltanissetta est une ville de 30,000 âmes, à peu près au centre de la Sicile, non loin des plus riches mines de soufre. *(Caltanissetta)*

L'*Akragas* des Grecs, l'*Agrigentum* des Romains, la *Girgenti* des Italiens que nous appelons *Agrigente*, était une ancienne colonie de *Rhodes* qui compte aujourd'hui 20,000 habitants. Elle se trouve sur une hauteur qui domine la côte sud de la Sicile et qui descend à la mer en deux ressauts; elle a eu plus de 200,000, on a même parlé du chiffre de 800,000 habitants, qui paraît bien exagéré. On devine plutôt qu'on aperçoit sa vaste enceinte de murailles antiques; elle possédait beaucoup de temples et d'œuvres d'art célèbres. Le tyran Phalaris y avait, dit-on, fait installer un taureau de bronze que les victimes, qu'il brûlait vivantes dans son sein, faisaient mugir. L'ingénieux artiste qui inventa ce nouveau supplice passe pour avoir été une de ses premières victimes.

Agrigente est la patrie d'*Empédocle*, ingénieur, physicien et philosophe célèbre, qui disparut dans le cratère de l'Etna. La ville moderne occupe l'ancienne acropole ou citadelle que dominait le *temple de Jupiter Ataburnien*. Sur une autre hauteur à droite, séparée de la ville actuelle par un ravin, s'élevait le *temple de Minerve* qui a laissé son nom à la *Rupe Atenea* (rocher de Minerve); on prétend que ce ravin a été creusé sur les indications d'Empédocle pour assainir la ville en livrant passage aux vents du nord qui balayent les miasmes.

Le *temple de la Concorde*, à Agrigente, est un temple *dorique*, *périptère hexastyle* de trente-quatre colonnes, c'est-à-dire entouré d'un portique supporté par des colonnes au nombre de trente-quatre dont six forment la façade. Il est probablement du vᵉ siècle avant Jésus-Christ; c'est le mieux conservé de tous les temples grecs que nous possédions, et il doit sa conservation à ce qu'il fut transformé en *église* chrétienne au vⁱᵉ siècle de notre ère. La *cella*, qui formait l'intérieur du temple serait complète, si les Byzantins n'y avaient pas alors taillé *des arcades à plein cintre*, contrairement aux habitudes des Grecs de l'antiquité, qui n'employaient que l'architecture *de plates-bandes*, c'est-à-dire à lignes perpendiculaires, à cause de la défiance que leur inspiraient, au point de vue de la solidité, les voûtes et les lignes courbes.

Comme tous les temples de Sicile, il est construit en tuf calcaire recouvert d'un stuc, ou poussière de marbre délayée, qui a aujourd'hui disparu. C'est un fort beau travail, mais inférieur au temple du *Parthénon* d'Athènes qui, outre la perfection des règles artistiques suivant lesquelles il fut édifié, est tout entier construit en *marbre pentélique* que le temps a doré.

Les ruines du *temple de Junon Lacinienne* sont beaucoup moins complètes que celles du temple de la Concorde ; il n'en reste que la base et vingt colonnes du péristyle. C'est une œuvre contemporaine du précédent temple ; on croit qu'il contenait le fameux tableau représentant *le portrait d'Hélène par Zeuxis*.

Il ne reste presque rien du *temple de Jupiter Olympien*, dont les matériaux furent employés, au XVIe siècle, pour faire le petit *port d'Empédocle* (Porto Empedocle), à 6 kilomètres d'Agrigente, qui sert à l'expédition du soufre.

Ce temple, qui n'a jamais été achevé, était le plus grand du monde grec avec le *temple G ou d'Apollon, à Sélinonte*, dont nous parlerons plus tard. On lit dans *Polybe*, dans sa description d'Agrigente : « Sur la cime du rocher sont deux temples, l'un de Minerve, « l'autre de Jupiter Ataburnien, comme à Rhodes, dont Agrigente « est une colonie. On y voit encore d'autres ornements et, entre « autres, des temples et des portiques d'une grande beauté. Le « *temple de Jupiter Olympien* n'est pas, à la vérité, si orné ni si « enrichi que ceux de la Grèce, mais pour le dessin et la grandeur, « il ne le cède à aucun d'eux. » Il est probablement du Ve siècle avant Jésus-Christ.

Le plafond de la *cella* était supporté par des *Télamons*, espèces de caryatides en forme d'hommes avec les coudes repliés et relevés sur la tête. On voit encore à terre les débris d'un de ces télamons.

L'île de Rhodes était voisine de la Phénicie, et on y a trouvé des traces nombreuses de l'influence que l'art et la civilisation phéniciennes y exercèrent. Les linguistes font dériver le vocable *Ataburnien*, qui désignait un temple de Jupiter, à Rhodes et à Agrigente sa colonie, d'un mot *phénicien* qui se retrouve dans le *Thabor* (montagne).

M. Renan a fait observer d'autre part avec justesse que le culte sanguinaire du féroce dieu *Moloch* se lisait clairement dans les fables relatives au *taureau de Phalaris*. Il faut donc faire une part importante à la Phénicie, en même temps qu'à la Grèce, dans les origines de la civilisation antique de la Sicile.

Dans la *salle capitulaire* de la cathédrale d'Agrigente, qui occupe elle-même la place du temple de Jupiter Ataburnien dont nous venons de parler, se trouve un sarcophage sur lequel est reproduite en bas-relief une scène de la tragédie d'*Hippolyte porte-couronne* d'Euripide, d'où notre Racine a tiré en grande partie sa *Phèdre*.

L'épouse de Thésée est représentée assise sur un tabouret, entourée de ses suivantes qui lui prodiguent de vaines consolations. Sous le tabouret est un petit amour, image du tourment qui dévore l'héroïne. C'est la scène si poétique que Racine a placée dans le premier acte de sa tragédie, au moment où Phèdre, accablée par son amour incestueux, dit ces beaux vers :

> Que ces vains ornements, que ces voiles me pèsent !
> Quelle importune main, en formant tous ces nœuds,
> A pris soin sur mon front d'assembler mes cheveux?

Ce bas-relief est une œuvre grecque, mais d'assez basse époque, ainsi que le montrent la longueur et la gracilité des personnages. Les coiffures des femmes sont antérieures à l'époque romaine.

Vue générale de Palerme.

Palerme, la capitale de la Sicile, l'ancienne *Panormos* (tout port ou grand port), compte 245,000 habitants; elle est construite sur le bord de la mer, à l'entrée d'une riche vallée ayant la forme d'une coquille marine, à laquelle on a donné le nom de la *Conca d'Oro* (conque d'or) et qu'enserrent à ses deux extrémités le *mont Griffone* et le *mont Pellegrino*.

Cette vue est prise du mont Pellegrino, à l'ouest de la ville. A la porte de Palerme, se trouve la villa de M. le duc d'Aumale, entourée de superbes jardins.

Port de Palerme.

Du côté du port, Palerme est dominée par le *Monte Pellegrino*, qui s'élève à 597 mètres d'altitude, et rappelle un épisode de la première guerre Punique. *Amilcar Barca*, général carthaginois, s'y défendit pendant trois ans contre les Romains qui l'entouraient; il y vivait du blé qu'il avait semé et récolté sur cette petite montagne.

Observatoire de Palerme.

L'ancien palais des rois de Sicile est surmonté d'un *observatoire* d'où l'on a une vue magnifique sur la ville, la mer et la conque d'or.

Catacombes de Palerme.

A un kilomètre de Palerme, sous le *couvent des Capucins*, s'étendent de longues galeries souterraines, sortes de catacombes creusées dans une terre qui a la propriété de conserver et de momifier en quelques mois les corps qu'on lui confie.

C'était la mode, dans le clergé et dans l'ancienne noblesse sicilienne, de se faire enterrer dans ces catacombes. Les corps desséchés sont accrochés à un clou, comme un paletot à un porte-manteau, ou bien conservés dans des cercueils empilés les uns sur les autres; beaucoup de ces cercueils sont recouverts de parois vitrées qui laissent apercevoir les cadavres. Ce mode de sépulture est interdit depuis une vingtaine d'années. Je n'ai pas besoin de vous dire que la visite de ces catacombes a quelque chose de sinistre.

La *cathédrale de Palerme* est une construction du XIIᵉ siècle, qui a été depuis sans cesse remaniée, mais non pas améliorée. Il ne reste de cette époque que l'abside; tout le reste, notamment cette façade sud, est du gothique des XIVᵉ et XVᵉ siècles. *La cathédrale de Palerme.*

Au XVIIIᵉ siècle, un architecte qui a commis un crime contre l'art et le bon goût, a élevé au milieu du transept cette coupole sur un monument gothique, ce qui forme le plus horrible contre-sens artistique qu'on puisse voir.

L'empereur Frédéric II est enterré dans cette cathédrale.

Le roi normand Roger II construisit dans son palais, en 1132, une chapelle qu'on appela par suite la *chapelle palatine*, qui est un des chefs-d'œuvre du moyen âge, et le plus beau des monuments de style normando-arabe. Son plan est celui d'une basilique à trois nefs, longue de 33 mètres, large de 13 mètres, reposant sur des ogives arabes lancéolées, supportées par dix colonnes empruntées à des monuments antiques. Ces colonnes sont en granit et en marbre cipolin, de 5 mètres de hauteur. Il y a, à l'intérieur, des inscriptions grecques et arabes et un plafond arabe en bois avec inscriptions *koufiques*. Tous les murs sont recouverts de mosaïques de verre sur fond d'or aux tons chauds d'une splendeur orientale. Cette décoration est vraiment splendide; les murailles nues de nos monuments paraissent bien froides auprès de cela. *La Chapelle palatine.*

Les mosaïques de la chapelle palatine représentent des sujets empruntés à l'Ancien Testament, à la vie de Jésus-Christ et à celle de saint Pierre et de saint Paul. Celle-ci nous montre Jésus entrant à Jérusalem sur l'ânesse. *Une des mosaïques de la chapelle palatine.*

L'église de *la Martorana* fut fondée en 1143 par *Georgios Auto-chenos*, grand amiral du roi Roger II. Cette mosaïque représente le roi couronné par le Christ; on lit au bas, en caractères grecs et en langue latine ΡΟΓΙΕΡΟC ΡΗΞ (*Rogieros rex*, le roi Roger). Cela donne bien une image du mélange des races qui habitaient la Sicile au XIIᵉ siècle. *Mosaïque à la Martorana.*

L'église *Saint-Jean-des-Ermites* est une église normande, construite en 1132, avec cinq coupoles qui lui donnent un aspect *Saint-Jean des Ermites.*

tout à fait oriental et la font ressembler extérieurement à une mosquée.

La Ziza.

A deux kilomètres de Palerme, une petite maison de plaisance construite au XII° siècle par Guillaume Ier dans le style arabe, avec inscriptions arabes, montre l'importance des artistes de cette nation à sa cour : c'est *la Ziza*.

Vue générale de Monreale.

La ville de Monreale, de 16,500 habitants, à 7 kilomètres de Palerme, occupe le fond de la vallée de la Conque d'or sur laquelle elle a une vue magnifique.

Cathédrale de Monreale.

La *cathédrale de Monreale* fut construite par les rois normands, de 1174 à 1189, dans le même style, mais dans de bien plus grandes proportions que la chapelle palatine. Elle est toute couverte de mosaïques, un peu moins belles que celles de la chapelle; ce sont les plus grandes de la Sicile; elles occupent une surface de 6,340 mètres carrés, et représentent des scènes de l'Ancien et du Nouveau Testament. La cathédrale repose sur 18 hautes colonnes, en grande partie antiques.

Cloître de la cathédrale de Monreale.

Le *cloître de la cathédrale de Monreale* est tout ce qui reste d'un ancien et riche couvent; il est entouré d'une galerie à ogives supportée par 216 colonnes accouplées dont les chapiteaux sont tous différents. A l'une de ces colonnes, on lit la date de 1228.

Temple de Ségeste.

Ségeste et Sélinonte sont sur la ligne du chemin de fer de Palerme à Marsala. On s'arrête à la station d'*Alcamo-Calatafimi*, à 78 kilomètres. A 43 kilomètres de Palerme, on a passé à *Zucco* où se trouve le célèbre vignoble de M. le duc d'Aumale. De la station d'Alcamo, une voiture conduit en une heure et demie dans un site solitaire, dominé par une petite montagne escarpée, au sommet de laquelle se trouvent le temple et le théâtre de Ségeste : c'est une situation analogue à celle de Taormina. Même dans l'antiquité, la ville de Ségeste a dû être d'un accès difficile. En route, on aperçoit de loin sur la hauteur le temple qui se profile de la manière la plus gracieuse.

Suivant la tradition, *Egesta* était une colonie troyenne que les Grecs persécutèrent à cause de son origine, mais qui fut, pour le même motif, favorisée par les Romains, fiers d'avoir pour ancêtre *Enée*, le beau-fils de *Priam*, roi de Troie. A l'époque romaine, elle changea son nom d'*Egesta* en celui de *Segesta* pour éviter les quolibets que lui attirait la pauvreté (*egestas*) de son nom.

Le temple de Ségeste est un *périptère-hexastyle de 36 colonnes*, mais il n'a jamais été achevé; il était en construction quand Ségeste fut ruinée par la guerre, à la fin du ve siècle avant Jésus-Christ, et les travaux n'ont jamais été repris depuis. Le péristyle seul est complet; les colonnes, toutefois, n'ont pas été cannelées, ce qui donne au monument, vu de près, une certaine lourdeur. La *cella* ne fut jamais commencée, et cependant cet ouvrage inachevé a été si solidement construit qu'il n'a pas bougé, et qu'il a survécu à presque tous les autres monuments élevés dans l'île depuis cette époque !

Nous reprenons le chemin de fer à Alcamo-Calatafimi, et descendons, à 37 kilomètres plus loin, à la station de *Castelvetrano.* De là, une voiture nous conduit, à 12 kilomètres, aux ruines mélancoliques de *Sélinonte.*

Cette ville, fondée en 628, fut détruite en 409 avant Jésus-Christ par les Carthaginois, et ensuite définitivement en l'an 263. La date de 409 précise d'une façon certaine l'époque à laquelle remontent ces ruines qui comprennent sept temples, dont quatre situés dans l'acropole entourée de murailles, et trois sur une colline séparée de l'acropole par un ravin. Nous sommes sur le bord de la mer que l'acropole domine à pic, sur la côte sud de l'île, et on aperçoit, par un beau temps, l'*île de Pantelleria* qu'on identifie parfois avec celle où *Calypso* offrit l'hospitalité à *Ulysse*, et qui est plus près des côtes de la Tunisie que de la Sicile. Ce pays est une véritable Hellade par son climat, la transparence de l'air, l'aspect des rochers et des montagnes.

Les sept temples de Sélinonte ont été désignés par les sept premières lettres de l'alphabet. Ils sont tous uniformément détruits de la même façon, ce qu'on ne peut attribuer qu'à des tremblements de terre, car la main des hommes aurait été impuissante à bouleverser aussi complètement ce que la main d'autres hommes avait si solidement construit. C'est le plus majestueux champ de ruines existant en Europe; il est malheureusement mal connu ou plutôt trop peu connu, parce qu'il est d'un accès difficile, éloigné de la métropole, et les nouvelles scènes de brigandage auxquelles nous assistons ne sont pas de nature à lui attirer beaucoup de nouveaux visiteurs.

Le *temple B, dit d'Empédocle,* le plus petit de tous, a été étudié et restitué très habilement par *Hittorf,* architecte français, le même qui a construit l'église Saint-Vincent-de-Paul à Paris, il y a plus de soixante ans. Les matériaux de ce petit temple portent encore des traces de couleurs très vives, surtout rouges, qui ont servi de point de départ et de base aux discussions des archéologues sur la polychromie de l'architecture chez les anciens.

Temple C d'Hercule.

Le temple d'Hercule est le plus ancien des temples de Sélinonte; il est célèbre par trois métopes de style archaïque qui sont conservées au musée de Palerme, ainsi que celles du temple de Junon dont nous allons parler tout à l'heure.

Temple G ou d'Apollon.

Le *temple G ou d'Apollon* était le plus grand de tous les temples du monde grec; il était plus grand même que celui de Jupiter Olympien à Agrigente; sa longueur était de 113 mètres, sa largeur de 54 mètres; ses colonnes avaient une hauteur de 16 m. 27, avec un diamètre maximum de 3 m. 41. Ces dimensions ne sont dépassées que par les colonnes du *temple de Jupiter Ammon de Karnak, à Thèbes, dans la haute Égypte.* Un homme peut tenir dans une cannelure de ces colonnes colossales, mais elles n'ont pas été toutes cannelées.

En effet, comme le temple de Ségeste, celui-ci n'a jamais été achevé, et une fois de plus les fureurs de la guerre sont venues empêcher l'achèvement des travaux de la paix. On y travaillait en l'an 409, lorsque la ville fut prise par les Carthaginois; les travaux n'ont jamais été repris depuis; aussi je ne connais rien de plus triste et de plus saisissant que la vue des carrières de *Campobello*, à 10 kilomètres de Sélinonte, qui n'ont pas changé depuis deux mille trois cents ans, et où l'on trouve encore des fûts et des tambours de colonnes, détachés de la masse de pierre, à laquelle ils n'adhèrent plus que par le pied. En route, vous rencontrez d'autres tambours de colonnes de 3 m. 40 de diamètre, en pleine campagne, que les barbares vainqueurs n'ont pas permis d'arriver jusqu'à pied d'œuvre, et qui sont restés à l'endroit où ils se trouvaient au moment de la défaite.

Métope du temple de Junon.

Dans les ruines du *temple E de Junon*, du Ve siècle avant Jésus-Christ, on a découvert trois métopes célèbres. Je vous rappelle que *les métopes* se trouvaient sur l'entablement du temple, au-dessus des architraves, qu'elles alternaient avec *les triglyphes*, et qu'elles étaient formées par une plaque de marbre ou de pierre, sur laquelle les anciens ont parfois, comme dans le cas présent, sculpté des sujets empruntés à la mythologie, ou à la vie des héros.

Cette métope représente *Hercule* au moment où il va tuer *Hip-*

polyte, la reine des Amazones. Le héros est reconnaissable à la peau du *lion de Némée* nouée autour de ses épaules. L'attitude des deux personnages est pleine de justesse, et le mouvement d'Hercule plein d'impétuosité : c'est le moment où l'amazone va être terrassée et commence déjà à chanceler.

Cette métope représente *Actéon* au moment où il va être dévoré par les chiens d'*Artémis* (Diane), en punition de l'audace avec laquelle il a porté les yeux sur la déesse. *(Autre métope du temple de Junon.)*

Junon se dévoile devant *Jupiter*, c'est l'*ieros gamos*, ou mariage sacré des Grecs, une œuvre de la plus belle époque de l'art grec, probablement contemporaine de Phidias, mais c'est le produit d'une école régionale de Sicile qui n'a pas connu le grand sculpteur athénien. Phidias a donné plus de liberté, sinon plus de noblesse, à ses créations; il a mis tout au moins plus de beauté dans ses figures. Vous voyez que les têtes ont conservé une expression calme, et que les personnages accomplissent les actions les plus violentes sans que leurs traits soient altérés; nous sommes loin de la *tête de Laocoon*, tourmentée par la douleur, qui est postérieure à ces métopes de plus de deux siècles. L'artiste ne montre pas encore le corps des déesses à nu, il le recouvre de longs voiles; il faudra descendre jusqu'à *Praxitèle*, c'est-à-dire un siècle plus tard, pour que celui-ci dévoile sa *Vénus*. *(Autre métope du même temple.)*

Junon, sans être ici d'une beauté régulière, a cependant une physionomie grave qui frappe Jupiter par sa majesté. Nous sommes à une époque de foi; les artistes croyaient à ces dieux de la mythologie, et ennoblissaient leurs gestes sans qu'ils cessassent d'être naturels; les parties découvertes du corps, c'est-à-dire la figure, les pieds et les mains de la déesse et de l'amazone sont en marbre blanc rapporté, pour montrer la blancheur de leur carnation. De même, dans les vases grecs à figures noires de la même époque, les mains et les têtes des femmes sont peintes en blanc.

Au musée de Palerme, on conserve un groupe en bronze, probablement grec, représentant Hercule attrapant à la course la biche aux pieds d'airain; c'est un de ses douze travaux; seulement vous pouvez observer qu'à cette époque les biches avaient, paraît-il, des cornes comme les cerfs. Ce bronze a été découvert dans les ruines de Pompéi, en 1805. *(Bronze antique du musée de Palerme.)*

Nous avons fini notre excursion en Sicile et allons rentrer à Naples par la grande Grèce.

En trois quarts d'heure, nous traversons le détroit de Messine et abordons à *Reggio*. Le trajet de Reggio à Naples doit se faire en vingt heures, mais j'en ai mis trente-quatre. Pendant 430 kilomètres, de *Reggio* à *Métaponte*, la ligne suit le bord de la mer, et rencontre les lieux les plus célèbres de la grande Grèce, qui rivalisa, par sa prospérité et par ses productions artistiques, avec la Grèce proprement dite et avec l'Ionie.

Le ciel est pur, les contours sont aussi nets que sur les côtes de l'Hellade. Les stations du chemin de fer portent souvent des noms illustres. Voici *Locres* où l'on a découvert récemment un temple grec; elle n'a été détruite définitivement qu'au x° siècle par les Sarrasins. Plus loin, *Catanzaro* où Annibal avait assis son camp; puis *Crotone* (Cotrone) où vécut Pythagore il y a plus de deux mille quatre cents ans; *Sybaris*, que les habitants de Crotone détruisirent en l'an 510 avant notre ère.

Enfin nous arrivons à *Métaponte*, où mourut *Pythagore*, à l'âge de 90 ans, en 497 avant Jésus-Christ, et où le duc de Luynes fit, il y a cinquante ans, des fouilles qui ont être reprises il y a quelques années. Notre *cabinet des antiques de la Bibliothèque nationale* possède quelques morceaux provenant des fouilles du duc de Luynes, notamment une belle tête de lion en terre cuite peinte qui servait de gargouille à un temple.

A Métaponte se détache une ligne qui va, à 44 kilomètres de là, à *Tarente*, et plus loin à *Brindisi*.

Les villes antiques de la grande Grèce étaient construites sur le bord de la mer; il n'en reste aujourd'hui presque rien; les ruines même ont péri; le pays était alors beaucoup plus peuplé qu'aujourd'hui. Au moyen âge, les habitants placèrent les villes sur des rochers isolés, à trois ou quatre kilomètres de la côte, pour éviter les pirates de la mer et les brigands de la terre. Ces villages sont pourvus de tours avec cloches qu'on faisait retentir pour appeler les habitants à la défense commune, quand on apercevait en mer les navires des pirates sarrasins, grecs ou autres.

En résumé, l'impression générale qu'on rapporte d'un voyage en Sicile, après la comparaison de son état présent avec son passé, n'est pas favorable à la Sicile telle qu'on la voit aujourd'hui; elle ne permet même pas, étant donnée la différence entre ce qui fut et ce qui est, de concevoir de grandes et solides espérances pour le relèvement prochain d'un pays qui eut une si glorieuse histoire.

Je ne sais pas ce que l'avenir réserve à la Sicile, mais le contraste est grand entre les étonnantes ruines de l'époque grecque, et tous les monuments élevés depuis par les Byzantins et les Arabes, les Normands, les Espagnols et les Napolitains. Ce n'est point de progrès, mais d'une lamentable décadence, interrompue momentanément aux XIIe et XIIIe siècles, que témoigne cette étude comparée des édifices, et on peut dire à juste titre avec M. Élisée Reclus : « Que sont les Syracusains de nos jours en comparaison « des habitants de la plus grande ville du monde grec, qui ont vaincu « les Athéniens, et de ceux qui furent, deux siècles plus tard, les « concitoyens d'Archimède? »

II

UN COUP D'ŒIL SUR LE PORTUGAL

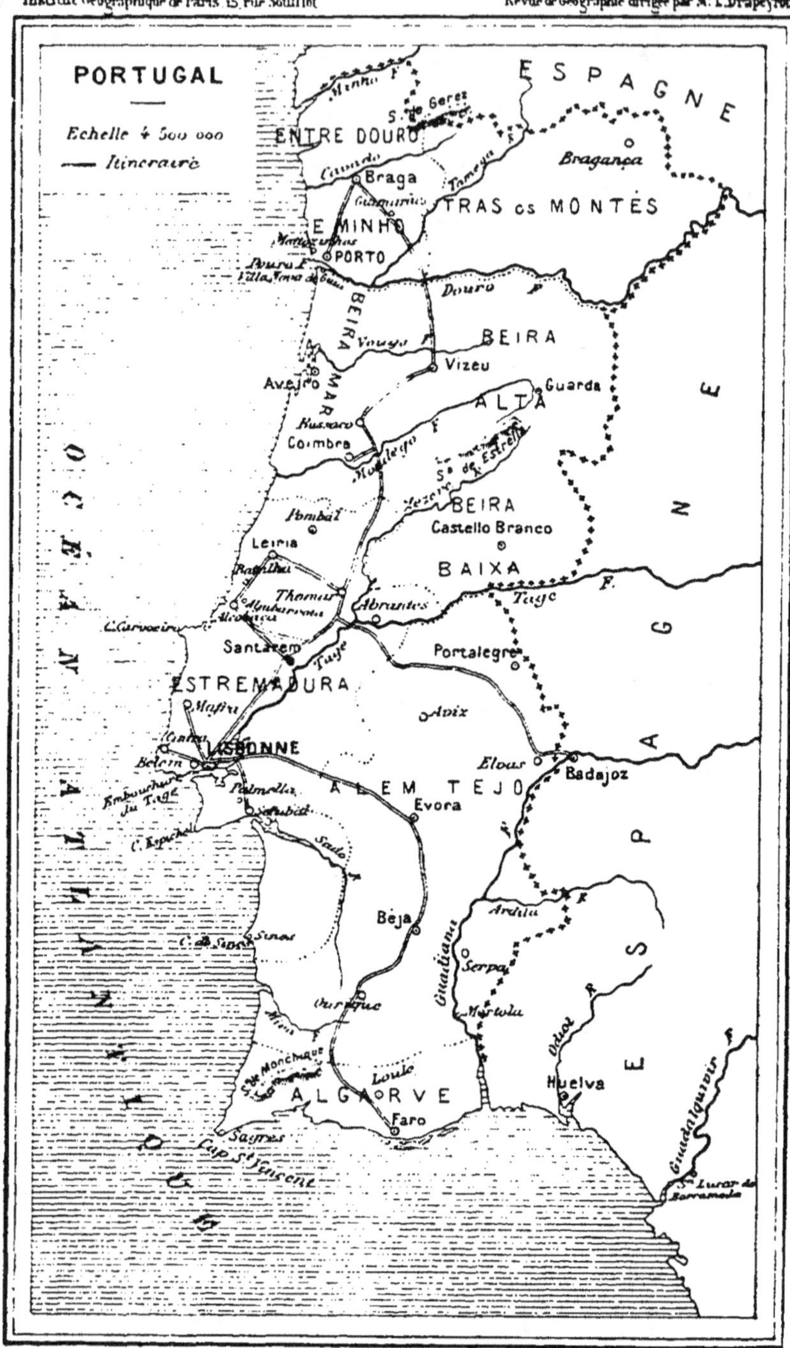

PORTUGAL
Echelle 4 500 000
Itinéraire
ESPAGNE
ENTRE DOURO
S. de Gerez
Braga
Bragança
Guimaraes
TRAS os MONTES
E MINHO
PORTO
Douro
Villa Nova de Gaia
BEIRA MAR
Vouga
BEIRA
Vizeu
Aveiro
ALTA
Guarda
Bussaco
Coimbra
Mondego
Sa de Estrella
Zezere
BEIRA
Pombal
Castello Branco
Leiria
BAIXA
Batalha
Thomar
Tage
F.
Alcobaça
Abrantes
C. Carvoeiro
Santarem
Tage
Portalegre
ESTREMADURA
Mafra
Avix
Cintra
LISBONNE
Elvas
Belem
Badajoz
Embouchure du Tage
Palmella
ALEM TEJO
C. Espichel
Setubal
Evora
Sado
Ardila
Beja
Guadiana
Serpa
Mertola
Odiel
Sado
Ourique
Sa de Monchique
Loule
Huelva
ALGARVE
Faro
Guadalquivir
Sagres
Cap S. Vincent
S. Lucar de Barrameda
OCÉAN ATLANTIQUE
ESPAGNE

UN

COUP D'ŒIL SUR LE PORTUGAL

Caractères généraux du pays et de ses diverses régions. — Influences étrangères. — Grandes découvertes géographiques. — Les habitants. — La langue. — Les monuments. — Lisbonne, Cintra, Thomar, Guimarães, Braga, Porto, Coïmbre, Alcobaça, Batalha, Mafra, Evora, Béja et Faro.

MESSIEURS,

Le Portugal est un des plus petits États souverains de l'Europe, quoique, pendant une courte période de son histoire, il ait été l'un des plus puissants, grâce à sa force d'expansion et à ses découvertes géographiques. Il a une surface de 90,000 kilomètres carrés, égale à environ 15 départements français, mais sa population n'est que de 4,000,000 d'habitants. Si elle était aussi dense que la population de la France, elle devrait être d'un peu plus de six millions et demi. Elle est généralement clairsemée, sauf dans le nord, où sont les provinces les plus riches.

'Au nord, le Portugal est séparé de l'Espagne par le fleuve le *Minho* et les *Montagnes de Gerez*, qui sont le prolongement des *Pyrénées*. Un peu plus bas se trouve la chaîne dite *Serra de Estrella*, c'est-à-dire de l'Étoile, qui va de l'est à l'ouest et forme le prolongement de l'arête médiane de la péninsule; son sommet le plus élevé atteint 2,294 mètres. Cette petite chaîne de montagnes partage la province portugaise de la *Beira* en deux parties : la *Beira Alta* et la *Beira Baixa*, c'est-à-dire la plaine haute et la plaine basse, puisque telle est la signification du mot *Beira*.

Au sud de la chaîne de montagnes d'Estrella s'étend une vaste plaine souvent déserte coupée par le *Tage*, et qui descend jusqu'à la petite chaîne de montagnes la *Serra de Monchique*, qui s'élève à 850 mètres et se dirige également de l'est à l'ouest : elle est à une faible distance du littoral de la mer Méditerranée, et limite la pro-

1. Voir la carte jointe à cette conférence.

vince de l'*Alemtejo* que les Portugais prononcent *Alintéjo*, ce qui veut dire province *au delà du Tage*.

La Serra de Monchique sépare l'*Alemtejo* de l'*Algarve*, qui se confond avec l'ancien royaume de ce nom, ce qui ne l'empêche pas d'être la plus petite province du Portugal. Ce nom d'Algarve est un véritable nom arabe, *El Gharb*, qui veut dire *l'ouest*. C'est ainsi que les Arabes désignaient le Maroc et cette partie de la péninsule ibérique, à l'époque à laquelle ils en étaient les maîtres. Pour eux, venus de l'est, le Maroc et toutes ces régions étaient les contrées les plus occidentales, d'où le nom qu'ils avaient donné au pays. A l'époque de la domination des Arabes, comme aussi à l'époque plus courte pendant laquelle le Portugal a dominé à son tour sur quelques territoires des côtes d'Afrique, il y a eu deux royaumes : l'Algarve en deçà de la mer, et l'Algarve au delà de la mer ; c'est pour cela que, sur les monnaies, les rois prennent le titre de « roi de Portugal et des Algarves ».

Ce petit pays de l'Algarve est protégé des vents du nord par la Serra de Monchique dont je vous parlais tout à l'heure, et il appartient, avec la côte de l'*Andalousie* et la côte de la province espagnole de *Murcie*, à la zone européenne des chaleurs les plus torrides. C'est là qu'il fait le plus chaud en Europe.

Les villes, peu nombreuses, de l'Algarve sont généralement situées sur le bord de la mer ; elles sont blanches et offrent un véritable aspect africain. La population y a été fortement influencée par le séjour des Arabes, qui a été plus long dans cette région que dans le reste du Portugal, et elle a encore conservé quelque chose des mœurs arabes. Ainsi, à *Faro*, la capitale de l'Algarve, ville située sur le bord de la mer, j'ai rencontré dans les rues quelques femmes qui marchaient voilées. Elles ne l'étaient pas comme les femmes de Constantinople ou du Caire, c'est-à-dire avec un *yachmak* s'attachant sur le front et leur descendant le long de la poitrine, mais elles se couvraient le visage avec un foulard arrangé de telle sorte que l'on n'apercevait même pas leurs yeux.

Enfin, au sud-ouest du Portugal et par conséquent de l'Europe, se trouve le *cap Sagrès*, le *cap Sacrum* des anciens, sur lequel était un temple célèbre dédié à Hercule, non loin du *cap Saint-Vincent*. C'est là que l'*Infant Dom Henrique*, dont je vous parlerai tout à l'heure, avait établi son école de marine et d'hydrographie.

Le nord du Portugal, à cause des montagnes et des pluies qu'elles attirent, appartient plutôt à la zone de l'Europe centrale qu'à celle du monde méditerranéen, mais le centre et le sud du pays appartiennent déjà à l'Afrique.

A Lisbonne la température est douce, elle descend rarement au-dessous de 0. Il est vrai qu'on y a froid avec 6 ou 7° au-dessus de 0, parce qu'il n'y a pas de cheminées dans les maisons.

Je vais vous indiquer l'itinéraire que nous avons suivi : nous sommes arrivés de *Bordeaux* à *Lisbonne* par mer, puis nous sommes allés à *Çintra*, à 6 lieues de Lisbonne; à *Thomar*, au nord de la capitale; à *Guimarães*, que les Portugais prononcent *Guimarench* et qui est tout à fait au nord du Portugal; à *Braga*, voisin de Guimarães; à *Porto*, sur le *Douro*; à *Vizeu*, capitale de la *Beira-Alta*, dont nous avons déjà parlé ; à *Alcobaça*, au *couvent de Batalha*, à *Mafra*, dans le voisinage de la mer, à une faible distance de Lisbonne. Ensuite, j'ai franchi le Tage et suis venu dans la province d'*Alemtejo*, où j'ai visité *Evora*, la capitale de cette province ; *Béja* et *Faro*, la capitale de l'Algarve.

La province qu'on appelle *Entre Minho et Douro* et qui est fort bien nommée, parce qu'elle est limitée au nord par le Minho, qui la sépare de l'Espagne, et au sud par le Douro, sur lequel *Porto* est situé, est la plus riche et la plus peuplée du Portugal. Si la France avait la même densité de population que cette province, elle compterait 70,000,000 d'habitants. Aussi l'émigration est-elle très fréquente dans cette province, et elle envoie au *Brésil*, chaque année, un très grand nombre de ses enfants, qui reviennent souvent dans leur pays après avoir fait fortune. Cette émigration est même si nombreuse que, dans beaucoup de villages, on ne rencontre guère que des femmes. C'est là que se trouve le berceau de la monarchie portugaise, ainsi que nous le verrons un peu plus tard.

La capitale de la province d'Entre Minho et Douro est *Braga* (20,000 habitants), l'ancienne *Bracara-Augusta* des Romains, ville alors fort importante, qui se trouvait à l'extrémité d'une route romaine et qui contient encore aujourd'hui quelques ruines et plusieurs bornes milliaires. Braga a été un moment, au vi° siècle, la capitale du pays, à l'époque à laquelle les Barbares, *Suèves* et *Visigoths*, en étaient les maîtres.

Voici la cathédrale de Braga [1].

1. La conférence était accompagnée de projections photographiques dont on trouvera l'indication en marge.

A 12 kilomètres au sud-est de Braga, se trouve la petite ville de *Guimarães* (8,500 habitants) dont je vous ai déjà parlé, qui fut, au XIIe siècle, la première capitale du Portugal.

Au sud, et sur la rive gauche du Douro, en face de Porto même, se trouvait un port du nom de *Porto-Calle*, qui s'appelle aujourd'hui *Villanova de Gaia;* c'est cette petite ville qui a donné son nom au Portugal. Je vais vous montrer ce qu'est devenu l'ancien Porto-Calle. C'est une ville aujourd'hui prospère, riche, d'une quinzaine de mille habitants, séparée de Porto par le Douro, de 200 mètres de largeur : c'est là que se concentre le commerce des vins de Porto. J'y ai visité un cellier (car vous savez que les Portugais et les Espagnols ne mettent pas leurs vins sous terre dans des caves, mais qu'ils les conservent sous des hangars placés au-dessus du sol); j'y ai vu, dis-je, un de ces hangars qui contenait pour six millions de francs de vin de Porto. Cela vous donne une idée de l'importance de ce commerce.

C'est aux environs de Porto qu'on récolte, et c'est à Porto même et à Villanova de Gaia qu'on fabrique le vin que les Anglais appellent *Port-wine :* c'est une fabrication très importante. Le vin de Porto n'est pas vendu naturel, mais il est toujours fortement mélangé avec de l'eau-de-vie. La culture de la vigne n'est devenue importante dans cette région qu'à partir de 1703. Le commerce du vin de Porto est aujourd'hui presque complètement entre les mains de quelques maisons anglaises : on expédie annuellement en Angleterre pour plus de 50 millions de francs de ce vin. Aujourd'hui les vignes sont malheureusement dévastées par le phylloxéra, mais, rassurez-vous, vous n'en boirez pas moins du vin de Porto... plus ou moins authentique.

L'histoire nous enseigne que c'est toujours de Porto (qui compte 120,000 habitants) qu'est venue l'initiative quand un changement politique ou autre se préparait dans le pays. Cela tient à ce que la population de Porto est plus active, plus remuante et plus riche que dans les autres provinces du Portugal.

L'embouchure du Douro est à 4 kilomètres de Porto. Vous voyez que cette ville est située sur le flanc des coteaux escarpés qui bordent le fleuve, dont le cours est très sinueux. L'embouchure est fort étroite, et une barre qui grandit chaque année la rétrécit encore, si bien qu'aujourd'hui elle est devenue difficile et presque dangereuse. C'est pour cela qu'un nouveau port a été construit à 6 kilo-

Porto-Calle, aujourd'hui Villanova de Gaia.

Pont du roi Dom Luis à Porto.

L'embouchure du Douro.

mètres de Porto, à *Mattosinhos;* ce port est fait avec des capitaux français, et on y a déjà dépensé une dizaine de millions; la dépense totale sera d'environ vingt millions de francs.

Au sud de Porto se trouve *Coïmbre* (18,000 habitants), que les Portugais appellent *Couimbra,* célèbre par son université, et dont voici la cathédrale, beau monument du xiiᵉ siècle qui a été successivement une église, puis une mosquée, et est redevenu une église. Les murailles sont crénelées.

Le *Camoens* a célébré justement la beauté des campagnes qui entourent Coïmbre, et qui sont arrosées par le *Mondego.* On y voit des bosquets d'orangers, de gaies maisons de campagne, un jardin botanique avec des plantes tropicales. Après Guimarães, Coïmbre fut la capitale du Portugal jusqu'en 1385, époque à laquelle Lisbonne la remplaça.

En face de Coïmbre se voit ce que les Portugais appellent *la Quinta das Lagrimas,* c'est-à-dire le Jardin des larmes; c'est un petit territoire arrosé par une source fraîche et ombragée par des arbres magnifiques : c'est là que fut assassinée *Ignès de Castro* en 1355. C'est un des épisodes les plus émouvants de l'histoire du Portugal, que le Camoens a raconté dans ses plus beaux vers. Je vous demande la permission de vous le rappeler en quelques mots, en le dépouillant de la magnificence de la poésie.

L'*infant dom Pedro,* fils du roi *Alphonse IV,* avait épousé secrètement, après la mort de sa première femme, une jeune fille de la noblesse portugaise, *Ignès de Castro.* Cela excita la jalousie des autres nobles portugais et la colère du roi, qui ne voulut ni autoriser, ni reconnaître ce mariage, qu'il regardait comme une mésalliance, et qui ordonna la mort d'Ignès : elle fut assassinée entre les bras de ses enfants. Deux ans après, en 1357, Alphonse IV étant mort, son fils monta sur le trône : on l'a appelé *dom Pedro le Justicier.* Il tira une éclatante vengeance des assassins de sa femme, fit exhumer son cadavre à Coïmbre, le fit transporter à dos d'hommes, couronne en tête, avec des flambeaux allumés et entouré de toute sa cour, à 25 lieues de là, au monastère d'Alcobaça, que nous verrons tout à l'heure, et lui fit ériger le monument que voici. Ce tombeau, du milieu du xivᵉ siècle, est fort beau. La statue d'Ignès est couchée sur le couvercle du sarcophage ; elle est précieuse au point de vue iconographique, car elle a été sculptée sous les yeux du roi, son mari, qui a dû exiger une ressemblance parfaite. En face, se trouve le tombeau du roi lui-même; il n'a pas voulu le placer à côté de celui d'Ignès, parce qu'il a désiré qu'au jour du jugement dernier, quand la trompette sonnera, il pût, en se levant, apercevoir tout d'abord le visage de celle qu'il avait tant aimée.

Plus bas que Coïmbre on rencontre *Lisbonne*, qui aurait été fondée, dit la légende, par *le sage Ulysse*, dont on retrouve, difficilement il est vrai, le nom sous celui d'*Olisippo*, qui fut porté par la capitale du Portugal.

Lisbonne ne devint, comme je vous l'ai dit, capitale du royaume qu'après Coïmbre, en 1385. Au moment de sa plus grande splendeur, au xvi° siècle, elle avait une population double de celle qu'elle a aujourd'hui, c'est-à-dire qu'elle comptait environ 500,000 habitants. Les rues sont extrêmement rapides, parce que la ville est construite le long d'un coteau assez escarpé : elle est très étendue de l'est à l'ouest, mais peu du nord au sud. Aujourd'hui, la population de Lisbonne est de 270,000 habitants; la ville est située sur la rive droite du Tage, et, en y arrivant par mer, elle offre un coup d'œil splendide qui ressemble un peu à *Stamboul* vu de la *Corne-d'Or* ou de *Péra*, mais Lisbonne est un Stamboul sans minarets.

Le Tage, en face de Lisbonne, a une largeur d'environ 1,000 à 1,500 mètres, et la ville tout entière un développement de 15 kilomètres de l'est à l'ouest, c'est-à-dire depuis la *Tour de Belem*, que nous verrons tout à l'heure, jusqu'à l'extrémité est de la ville.

Les plus anciens habitants du Portugal ont été des *Celtes* et des *Ibères*. Ils ont été peu impressionnés par les *Grecs*, les *Phéniciens* et les *Carthaginois*, qui n'avaient pas d'établissements dans l'intérieur du pays. Ils ont, par contre, subi une influence beaucoup plus considérable de la part des *Romains*, qui leur imposèrent leur langue, leur forme de gouvernement et leurs lois. Ils ont eu un héros national, une sorte de Vercingétorix, *Viriatus*, qui a combattu héroïquement pour la liberté de son pays, si bien que les Romains, pour s'en débarrasser, ont été obligés de le faire assassiner par deux de ses lieutenants qu'ils avaient gagnés.

Un siècle avant Jésus-Christ, *Sertorius*, révolté contre son pays, se réfugia dans le Portugal et résista pendant onze ans aux armées romaines de *Métellus* et de *Pompée*. On lui attribue la construction du *temple d'Évora* dont voici les ruines. C'est un monument qui ne remonte pas aussi haut que Sertorius, et cette vue est assez infidèle, car elle date de plus de vingt ans. Il y a quelques années, en effet, on a détruit le blocage qui se trouve encore ici entre les colonnes d'ordre corinthien. Les Romains n'avaient pas, bien entendu, construit le mur crénelé qui couronne ici le monument. En somme, l'œuvre est assez remarquable, puisqu'elle a résisté à l'action dissolvante du temps, et puisqu'elle est parvenue jusqu'à nous ; mais elle est loin d'être comparable aux beaux monuments romains qui se trouvent en Italie et même dans le sud de la France.

En l'an 68 après Jésus-Christ, *Othon* était questeur en *Lusitanie* quand il fut appelé à l'empire par ses soldats ; il quitta le pays pour se rendre à Rome où il régna seulement pendant trois mois.

Les anciens appelaient le Portugal la Lusitanie, mais la province romaine de *Lusitanie* ne coïncidait pas exactement avec le Portugal actuel ; elle ne comprenait pas les provinces du nord du Portugal : celle d'*Entre Minho et Douro*, notamment, dépendait d'une autre province romaine qui s'appelait la *Tarragonaise*. Par contre, la Lusitanie romaine s'étendait beaucoup plus à l'ouest et avait pour capitale une ville que les Romains appelaient *Emerita-Augusta*, qui est aujourd'hui en Espagne, *Mérida*, qui a conservé à peu près intact son nom antique, et où sont les ruines romaines les plus belles qui subsistent dans toute la péninsule.

Après la chute de l'empire romain, le Portugal fut envahi par les Barbares, *Suèves* et *Visigoths*, qui s'y établirent pendant plusieurs siècles, puis il fut fortement influencé par les Musulmans venus de différentes contrées : d'Arabie, de Bagdad, de Syrie, d'Égypte, de Numidie, du Maroc. Ils se maintinrent en Portugal moins longtemps qu'en Espagne.

Il ne reste guère de ruines arabes en Portugal : presque toutes ont été détruites, ainsi que les ruines romaines, par un sentiment de persécution et d'intolérance religieuses qui s'est attaqué absurdement aux monuments eux-mêmes. Cependant, voici les ruines d'un *château arabe*, qui se trouvent à *Çintra*, à six lieues de Lisbonne.

En 1195, naquit à Lisbonne *saint Antoine de Padoue*, qui, bien qu'il soit mort à l'âge de 36 ans, a été certainement une des grandes figures du xiii° siècle.

Les Juifs, que les Espagnols avaient expulsés de leur pays, se réfugièrent en Portugal, et beaucoup se convertirent, mais leur conversion ne fut pas généralement sincère : on les connaissait sous le nom de *nouveaux catholiques*. Cette conversion ne les mit pas à l'abri de la persécution : ils furent expulsés en masse au xvie siècle, et apportèrent en France, en Angleterre, en Hollande et dans diverses contrées de l'Orient leur intelligence, leur industrie, leur commerce, leur esprit d'initiative et de spéculation. Il y a partout des Juifs portugais ; ils ont un rite spécial, et à Paris il existe une synagogue affectée à ce rite. Je ne suis pas bien fort en théologie israélite, mais je crois qu'ils prétendent qu'ils n'ont pas pris part à la passion de Jésus-Christ, et qu'ils étaient déjà établis en Portugal avant la mort du Christ. On les retrouve à Constantinople, en Égypte, à Amsterdam, où ils sont très nombreux. Au moment de leur expulsion du Portugal, les Juifs étaient les écrivains, les savants, les médecins, les légistes et les spéculateurs du pays. *Spinoza*, le grand philosophe hollandais, était originaire d'une famille de Juifs portugais, et, sous le nom de *Pereira*, il n'est pas difficile de reconnaître le nom d'une des familles les plus riches du Paris actuel.

Au xvie siècle, un grand nombre de noirs furent importés d'Afrique en Portugal avant d'être transportés en Amérique, si bien qu'au siècle dernier la population de Lisbonne était composée de nègres pour un cinquième.

Le mélange de tous ces éléments n'a pas produit une belle race : c'est singulièrement délicat à exprimer, mais il nous faut constater que les Portugaises n'ont pas la prétention de rivaliser, sous le rapport de la beauté, avec leurs voisines de l'Andalousie qu'Alfred de Musset a chantées.

On ferait une étude très intéressante en rappelant les influences exercées par les étrangers en Portugal : je vais vous en citer quelques-unes. Au vie siècle de notre ère, un roi suève, *Théodomir*, qui occupait le pays, ayant abjuré l'arianisme pour le catholicisme, obtint une relique du corps de saint Martin de Tours et fit construire en hâte, dans la ville de *Porto*, une église pour contenir cette relique. Cette église existe encore ; elle a été reconstruite au xe siècle, et c'est un des monuments les plus anciens du Portugal ; on l'appelle *San Martinho de Cedofeita* : sous ce nom se cachent les deux mots latins *cito facta*, c'est-à-dire l'église *Saint-Martin vite faite*, tant le nouveau prosélyte a mis de hâte à l'édifier pour recevoir les reliques du saint.

Voici un autre exemple d'influence étrangère. Jusqu'au xiie siècle, les destinées du Portugal et du royaume de Castille ont été réunies sous le même sceptre, mais en 1095, le comte Henri, fils naturel du duc de Bourgogne, épousa la fille du roi de Léon et reçut en apanage la province actuelle du Douro. Il prit le titre de comte de *Porto Calle* d’après cette petite ville que je vous ai montrée, qui se trouve en face de Porto, et dont on a fait *Portugal*. Il est vrai que d’autres étymologistes veulent voir dans ce mot le *Portus Gallorum*, le port des Francs, mais cette étymologie est plus que douteuse. Le comte Henri établit sa petite cour à Guimarães, et c’est là qu’il est enterré.

Son fils, le roi *Affonso Henrique:*, Alphonse-Henri, fut le premier roi de Portugal. Il avait fort à faire : tout le pays au sud du Douro était occupé par les Arabes, il avait à conquérir son royaume. Il fut vainqueur dans une grande bataille où il y avait des centaines de mille de combattants, dans les champs d’*Ourique*, au delà du Tage, et, en 1147, le nouveau roi chassa les Maures de *Santarem*, une petite ville sur le Tage, au nord-est de Lisbonne. Il voulut alors construire un monastère pour célébrer sa victoire, et, se souvenant qu’il était d’origine française, il pria *saint Bernard*, qui venait de prêcher en France, à *Vézelay* près d’Auxerre, la seconde croisade, de lui envoyer des moines. A cette époque les clercs et les moines détenaient toute espèce de lumières : ce sont eux qui étaient les savants et les artistes de l’époque. Saint Bernard envoya cinq moines qui construisirent le couvent et l’église d’*Alcobaça*, un des plus beaux monuments du Portugal. Ainsi, vous le voyez, la première dynastie est une dynastie française, et le premier monument du moyen âge en Portugal est de style français.

Église
du monastère
d’Alcobaça.

Ce couvent a été le plus grand de l’Europe et du monde : il a été construit pour contenir 999 moines, et un auteur disait que : *son église était une basilique, sa sacristie une église et ses cloîtres des villes*. Il a été fort abîmé et ses cloîtres sont devenus une caserne. La partie que vous voyez ne remonte pas, sauf le mur crénelé de l’église, à Affonso-Henriquez : les tours ont été refaites au xviie siècle, et ce cloître est du xiiie siècle, c’est-à-dire de cent ans postérieur à la construction de l’église. Il est fâcheux que je ne puisse pas vous montrer l’intérieur et la nef, qui est de style très pur; mais voici un autre cloître qui remonte à l’époque de la construction du couvent. C’est de l’architecture française du xiie siècle, la même que celle qui régna chez nous à la même époque.

Cloître
d’Alcobaça.

Je vais vous citer un nouvel exemple de l'influence étrangère en Portugal. Franchissons deux siècles. En 1383, le *roi Dom Fernando* vient de mourir et, ne laissant pas d'enfant mâle légitime, le roi d'Espagne, son gendre, envahit le pays et veut se faire proclamer roi. Vous connaissez la haine des Portugais contre les Espagnols. Les Portugais ne voulurent pas entendre parler de la domination espagnole et s'adressèrent à un frère naturel du roi défunt, qu'on appelait *le Maître (Mestre) d'Aviz*, c'est-à-dire le chef d'un ordre religieux et militaire dont le siège principal était à Aviz, dans une petite ville du Portugal. Ce fut un véritable héros : il combattit contre les Espagnols et remporta sur eux, quoique avec un nombre inférieur de soldats, une grande victoire à *Aljubarrota*. En souvenir de cette victoire, il a fait élever, dans le voisinage du champ de bataille, un monastère magnifique auquel il donna le nom de monastère de la Bataille, *Batalha*, qui est très célèbre.

Ce monastère ressemble comme style au gothique anglais et au gothique français; l'explication en est simple : la reine, femme du maître d'Aviz (qui était devenu roi, je me hâte de vous le dire, sous le nom de Jean Ier, *João I*, et qui fut l'un des grands rois du pays), la reine était une princesse anglaise. Elle avait fait venir des artistes du nord; c'est ce qui explique l'influence septentrionale qu'on voit dans ce monument.

Façade
de l'église
de Batalha.

Il a été construit de 1388 à 1416; c'est du gothique français de la fin du XIVe siècle, qui n'est pas, par conséquent, de la belle époque, ni comparable à notre gothique du XIIIe siècle qu'on voit à Reims, à Amiens ou à Notre-Dame de Paris; c'est le commencement du gothique fleuri.

Tombeau
de Jean Ier
et de Philippa
de Lancastre.

Le tombeau du fondateur du monastère, *Jean Ier*, est dans une chapelle de l'église de Batalha. Ce monument funéraire est précieux, notamment au point de vue iconographique, attendu que ces deux statues couchées sont le portrait du roi et de sa femme *Philippa de Lancastre*. On y lit les devises du roi et de la reine; celle de la reine est naturellement celle de la couronne d'Angleterre : *Honni soit qui mal y pense;* quant au roi, il a deux devises : *Il me plaist,* et une autre en portugais : *Por bem,* c'est-à-dire : *Pour le bien.* Voici la circonstance dans laquelle il a pris cette seconde devise; elle est assez analogue à celle dans laquelle le roi Edouard III d'Angleterre, grand-père de cette reine, avait adopté la sienne. Un jour, la reine surprit son mari en conversation avec une de ses dames d'honneur, et le roi lui répondit : *Por bem*, c'est pour le bien; en tout bien tout honneur.

Mais nous touchons à l'époque la plus glorieuse du Portugal. Dans l'art de la navigation, les Portugais ont suivi les Pisans, les Génois et les Vénitiens, qui furent les grands navigateurs du moyen âge et les ont même supplantés lorsqu'ils ont cessé de longer les côtes et qu'ils se sont risqués sur la haute mer. Ils ont précédé les Espagnols, et n'ont peut-être été devancés que par nos hardis Dieppois qui, dès le XIV° siècle, avaient découvert de nouveau les *îles Fortunées* des anciens, aujourd'hui les *îles Canaries*, et qui avaient, déjà à cette époque, des comptoirs sur la côte occidentale d'Afrique. Malheureusement, les Dieppois ont inauguré une œuvre stérile et qui n'a pas eu les mêmes résultats que les découvertes des Portugais.

Dès 1420, c'est-à-dire soixante-douze ans avant que Christophe Colomb découvrît l'Amérique, l'*infant dom Henrique*, quatrième fils du roi Jean Ier dont vous venez de voir le monument funéraire, celui-là même que nous appelons *le prince Henri le Navigateur*, installait au *cap Saint-Vincent*, à la pointe sud-ouest de l'Europe dont je vous ai parlé tout à l'heure, une école maritime et hydrographique, dirigée par *Jacome de Majorque*. A cette époque, les habitants des *Iles Baléares*, et spécialement *les Majorquais*, avaient une grande réputation comme marins. L'infant s'entoure de savants, il fait dresser des cartes, et envoie de hardis capitaines à la découverte. En 1420, on découvre l'*île de Porto-Santo*, un peu plus tard celle de *Madère*, puis *les Açores*, le *cap Bojador* au Maroc, le *royaume d'Angola*, qui appartient encore aujourd'hui au Portugal.

En 1486, *Bartholomeu Diaz* double le cap des Tempêtes, auquel le *roi Jean II* donne le nom de *cap de Bonne-Espérance*, parce qu'il faisait présager de plus grandes découvertes.

L'infant dom Henrique le Navigateur est enterré, comme son père, dans la *chapelle des fondateurs*, au *couvent de Batalha*. Il est entouré de ses trois frères qui n'ont pas régné, et chacun des quatre infants a une devise qui est gravée sur son monument; toutes ces devises sont françaises. Celle de l'infant dom Henrique est : *Talent de bien faire; talent* pris dans le sens de *désir*.

Enfin, sous le roi *dom Manoël*, que nous appelons *Emmanuel le Fortuné*, le 8 juillet 1497, après une nuit passée dans les larmes et en prières dans une petite chapelle située près de Lisbonne, à

Tombeau
de l'Infant
Dom Henrique

4

un endroit qu'on appelle la *plage des Larmes*, *Vasco de Gama* s'embarque; il revient deux ans après, le 29 juillet 1499. Il avait découvert la route maritime de l'Inde. Jusqu'alors, on passait par l'Asie Mineure, la Perse et le golfe Persique pour aller dans l'Inde. Vasco de Gama avait doublé le cap de Bonne-Espérance, qui l'avait déjà été par Bartholomeu Diaz, puis il avait touché à la côte orientale d'Afrique, dans le royaume de Mozambique, qui appartient encore aujourd'hui au Portugal, il avait traversé le premier la mer qui s'étend entre cette côte et l'Inde, et avait abordé à *Calicut*.

En 1500, un autre Portugais, *Cabral*, découvrait le *Brésil*. Enfin c'est un Portugais, *Magellan* (*Magalhães*), qui, en 1519, a entrepris, sous pavillon espagnol il est vrai, le premier voyage autour du monde. Il a péri au cours de son voyage, mais ses compagnons l'ont complété après sa mort.

François d'Almeida, *Alphonse d'Albuquerque* et *Jean de Castro* ont été des héros et ont accompli, dans l'Inde et dans l'Extrême-Orient, pendant la première moitié du xvie siècle, de véritables exploits.

Le temps me manque pour vous retracer toutes les découvertes faites par ces hardis navigateurs et la puissance qu'elles donnèrent au Portugal, ainsi que pour vous parler de ses vastes possessions, en Afrique, en Asie, dans les îles de la Polynésie et dans l'Extrême-Orient. Un seul mot vous donnera une idée de leur importance. M. *Henry Major*, ancien conservateur au département des cartes au *British Museum*, a pu écrire dans sa remarquable *Histoire du prince Henri le Navigateur* que, dans le cours d'un siècle, les Portugais ont découvert plus de la moitié du globe.

De pareilles conquêtes étaient du domaine de l'épopée; il fallait un poète pour les chanter, et le *Camoëns* était certes bien qualifié pour cela. Vous savez qu'il a écrit le poème des *Lusiades* et que le nom de ce poème vient d'un héros légendaire, *Luso*, que les Portugais prétendent être le père de leur race. Dans ce poème, *Luiz de Camoës*, comme l'appellent ses compatriotes, a chanté la découverte de l'Inde par Vasco de Gama. Il pouvait en parler en connaissance de cause, car, après avoir combattu au Maroc et y avoir perdu un œil, il avait été envoyé dans l'Inde, y avait séjourné quelques années, puis, à la suite de quelques vers qui avaient déplu, il avait été exilé par le vice-roi des Indes portugaises qui résidait à Goa. Il erra aux îles Moluques, dans les îles de la Sonde, séjourna à Macao, et, en revenant de Chine, fit naufrage au cap Saint-Jacques, à l'embouchure du fleuve le *Mékong*, en face d'une terre aujourd'hui française, la Cochinchine, non loin de Saïgon. Il s'est sauvé à la nage tenant d'une main les feuillets de son poème, ainsi qu'il l'a raconté lui-même dans ses vers. A cette époque (1560), les possessions portugaises avaient un littoral d'un développement bien plus considérable que celui de la circonférence même de la terre.

Ces découvertes géographiques ont exercé une grande influence sur l'art en Portugal et elles ont même créé le seul art portugais qui soit original : c'est ce qu'on appelle l'*art manuélin*, du nom du roi *dom Manoël*, sous lequel ces monuments ont été construits. Voici un échantillon de cet art; c'est le portail de l'*église de Belem* qui a remplacé la petite chapelle dans laquelle Vasco de Gama et ses compagnons avaient passé la nuit avant de s'embarquer pour l'Inde. Au trumeau de la porte, entre les deux portillons, vous voyez la statue de l'infant dom Henrique dont je vous ai parlé tout à l'heure. Elle y fut placée par le roi dom Manoël, qui avait été après lui, le *grand maître de l'ordre du Christ*, ordre religieux et militaire très puissant, et dont les ressources avaient permis à l'Infant de diriger les grandes découvertes du XVe siècle. Cet art manuélin est un composé de gothique fleuri et de style de la Renaissance, avec quelques réminiscences des styles arabe et indou; mais ce qui lui est particulier, c'est que les motifs de décoration y sont empruntés aux instruments de la navigation, aux sphères, aux cordages; on y voit des ancres et aussi des animaux marins, des coquillages, des pieuvres, des arbres de l'Inde, des cocotiers, etc.

La prospérité que le Portugal devait à ces découvertes ne fut pas de longue durée. En 1580, le roi dom Sébastien tombait sur un champ de bataille au Maroc; il n'avait pas d'enfants, et on peut dire que la fortune de son pays sombrait avec lui. Le Portugal passa sous le joug de l'Espagne, et quel joug! celui de Philippe II! Les Portugais ne l'ont secoué qu'en 1640, à l'avènement de Jean IV, chef de la maison de Bragance qui règne encore aujourd'hui. Cette période pendant laquelle les Espagnols ont été les maîtres du pays, les Portugais l'appellent *la captivité de soixante ans*, en souvenir de la captivité de Babylone. C'est de là que date leur rapide décadence.

Au siècle dernier, le 1er novembre 1755, jour de la Toussaint, à neuf heures du matin, alors que toutes les églises étaient remplies de monde, un tremblement de terre effroyable engloutissait en quelques secondes la plus grande partie de Lisbonne et faisait un nombre considérable de victimes, 15,000, 20,000, quelques-uns vont même jusqu'à dire 40,000. Heureusement qu'un grand ministre, le *marquis de Pombal*, était là qui, avec une énergie indomptable, arrêta le pillage en faisant dresser la potence au milieu même des ruines,

Ruines de l'église do Carmo.

Voici les ruines de l'*église des Carmes (do Carmo)*, détruite par ce tremblement de terre; c'est là que se trouve aujourd'hui le musée archéologique de Lisbonne.

Au commencement de ce siècle, le Portugal a été le théâtre d'événements importants : les Anglais y ont organisé la résistance à Napoléon. Wellington a débarqué en Portugal en 1808 et, en s'unissant aux Portugais et aux Espagnols, il n'a pas eu de peine à battre les lieutenants de Napoléon trop souvent divisés et refusant d'obéir à une direction unique. Il ne faut pas oublier, en outre, que l'empereur les affaiblissait en leur enlevant une grande partie de leurs soldats pour les envoyer en Russie. Ce fut le commencement de nos défaites qui amenèrent les alliés à Paris en 1814.

L'aide que l'Angleterre donnait au peuple portugais n'était pas désintéressée; elle lui fournit un prétexte pour se poser presque en pouvoir suzerain et protecteur; souvent depuis elle a abusé de son rôle, et le Portugal n'est pas encore parvenu à se soustraire complètement à cette encombrante protection.

Je dois malheureusement reconnaître que nos soldats, pendant cette campagne dans la péninsule, ont commis en Portugal des excès très regrettables sur les monuments, et cependant je serais presque excusable de les passer sous silence en présence de l'insistance et de la complaisance avec lesquelles, dans les guides anglais, on fait le récit souvent exagéré des actes de vandalisme commis par nos armées en Portugal.

Il y a, entre les Portugais et les Espagnols, un contraste et une antipathie qui ont été souvent jusqu'à la haine et au mépris.

Le Portugais n'est pas gai, malgré la chanson qui s'est plus souciée de la rime que de la raison. Il a plutôt un caractère réfléchi, grave; il est doux, honnête, intelligent. Je puis vous citer de nombreuses preuves de la douceur de son caractère. Par exemple, en Portugal, les habitants ne jouent pas du couteau avec la même facilité, avec la même impétuosité qu'en Espagne. En Portugal, il y a des courses de taureaux, mais les taureaux ont des boules aux extrémités de leurs cornes, ils sont *embolados*, et on ne les tue jamais.

Il n'y a pas de brigands, et, depuis vingt ans, les Portugais ont pu abolir la peine de mort sans avoir à constater que cette abolition ait été la cause d'une recrudescence de crimes. Ils sont de rapports faciles et agréables.

En Portugal, il n'y a pas de pièces fausses. Dans les cafés, dans les chemins de fer, dans les omnibus, aucune tentative n'est faite pour exploiter l'étranger, pour lui faire payer plus cher que s'il était indigène ; il n'en est pas toujours ainsi chez leurs voisins de la péninsule. Ils ont l'esprit vif et ouvert. Ils apprennent facilement les langues vivantes, et notamment le français, qui est beaucoup plus parlé en Portugal qu'en Espagne.

Que leur manque-t-il donc? Il leur manque le goût du travail ; ils ont été gâtés par les esclaves qu'ils ont tirés d'Afrique, qui faisaient le travail pour eux ; par l'or du Brésil ; par les épices des Indes, qui les enrichissaient si vite ; et ils n'ont pas compris la nécessité de la loi du travail. Pour vous en donner une idée, je ne puis mieux faire que de vous lire quelques lignes d'Edgar Quinet, écrites en 1857. Elles sont empreintes d'une certaine exagération, mais le fond en est encore vrai.

« Retiré derrière des jalousies à grillages étroits, le peuple reste « invisible ; il a gardé de ses longs voyages, de sa souveraineté, sur-« tout de son commerce d'esclaves, l'horreur invincible de tout ce « qui ressemble à un travail servile. Trente mille *Gallegos* (Espagnols « de la Galice) consentent seuls dans Lisbonne à se déshonorer en se « servant publiquement de leurs bras. »

En outre, ils n'ont pas l'esprit d'initiative. Ils possèdent des écrivains, des poètes, des orateurs, mais il leur manque des penseurs hardis, des savants et des artistes originaux, des ingénieurs entreprenants. Je ne méconnais pas que la foi qui animait les navigateurs et les *conquistadores* des xv⁰ et xvi⁰ siècles leur a fait faire de grandes choses, mais, plus tard, l'indépendance de la pensée fut tuée par les persécutions religieuses. L'Inquisition, bien plus terrible là-bas qu'en France, a chassé les Maures qui continuaient à séjourner dans le pays, les Juifs, les nouveaux catholiques ; elle a persécuté, exilé, emprisonné, brûlé les philosophes, les esprits hardis, les penseurs libres, et, par une sorte de sélection artificielle, les

Portugais de nos jours sont les fils d'hommes qui furent obligés de penser tous la même chose et de suivre les sentiers battus.

Ainsi, de cette revue rapide des destinées du Portugal se dégage une grande leçon de tolérance, et il en résulte que l'esprit d'opposition, de contradiction, de libre examen et de libre recherche dans le domaine religieux, politique, philosophique, scientifique n'est pas impunément éteint, et qu'un des grands avantages de la liberté, c'est de permettre à un peuple de jouir de toutes les ressources intellectuelles qu'il possède.

Cette absence d'initiative dans le caractère portugais explique la facilité avec laquelle ils ont subi les influences étrangères, et pourquoi ils ont adopté si facilement les formes que les artistes étrangers leur ont apportées.

Vous dirai-je quelques mots de la langue portugaise ? Elle procède du latin, auquel, de toutes les langues romanes, elle ressemble peut-être le plus. Elle se rapproche également de l'espagnol par les radicaux et la construction grammaticale, mais elle en diffère profondément par la prononciation. Autant elle est facile à comprendre quand on la lit, autant on peut dire qu'elle est difficile à parler et à entendre.

En portugais, il y a une quantité de sons étouffés, de voyelles qu'on ne prononce pas. Cette langue, si belle sur le papier, dans laquelle on voit tant d'*o*, tant d'*a*, de sons en *os* et en *as*, ne les fait pas résonner. Il y a des lettres sifflantes, des sons nasillards, un abus du *ch* : au lieu de dire *Martin* les Portugais disent : *Martinsch*. Ils n'ont pas les sons gutturaux, ni la *jota*, *j*, des Espagnols, qui donnent tant de vigueur à la langue de leurs voisins.

On a dit qu'Henri de Bourgogne avait importé avec lui les règles de la prononciation française ; cela est bien invraisemblable et je ne le crois pas. Cependant, il est certain que, dans les sons de la langue portugaise, on retrouve certains sons de notre langue, et non pas les plus beaux, tels que l'*e muet* et les nasales en *in*, *en*, *on*.

En résumé, c'est une langue méridionale, mais qui n'a ni le nombre, ni l'harmonie de l'italien et de l'espagnol. *Camões* se prononce *Camoenn'ch* ; le monastère de *Belem*, contraction pour *Bethléem* et dont nous verrons tout à l'heure les photographies, se prononce *Blin*. Ce n'est pas très euphonique, et cependant, cela n'a pas empêché les Portugais d'avoir la rare bonne fortune, échue à peu de peuples de l'Europe moderne, de posséder un poète épique, le Camöens, un homme dont le génie élevé et soutenu a su remplir un vaste sujet, et l'embellir par des images puissantes, hardies et par des expressions plastiques qui parlent vivement à l'esprit et à l'imagination.

J'ai hâte de vous montrer quelques sites et quelques monuments du Portugal; toutefois, je vous demande d'abord la permission de faire quelques observations sur l'art portugais.

En Portugal plus que partout ailleurs, on peut dire que les monuments racontent l'histoire du pays; presque tous ont été construits en souvenir de grands événements; vous en avez vu la preuve dans *les couvents d'Alcobaça et de Batalha*, qui rappellent des victoires remportées sur les Arabes et sur les Espagnols; vous en verrez d'autres exemples.

En outre, le Portugal étant une nation très catholique, qui a eu à lutter contre les Maures et les Juifs, et qui était soumise à un pouvoir sacerdotal très sévère, vous ne serez pas surpris d'apprendre que les principaux monuments y appartiennent à l'architecture religieuse. Il en est ainsi dans le reste de l'Europe, mais avec ce caractère particulier au Portugal que les monuments religieux y sont principalement des couvents, et des couvents immenses, qui possédaient des ressources considérables et comptaient jusqu'à 999 moines, comme à Alcobaça, où la cuisine est gigantesque. On y avait fait passer un ruisseau d'eau courante pour laver la vaisselle; cela vous montre combien de bouches il y fallait nourrir! En dehors des couvents dont nous avons déjà parlé, il faut citer ceux de *Thomar*, de *Belem*, de *Mafra* et de *Bussaco*.

Enfin ces monuments ont été très souvent construits par des artistes étrangers : français, italiens, allemands, anglais, et on y retrouve plus d'une fois les traits de notre architecture française du moyen âge.

Le *donjon de Béja*, ville voisine de l'Algarve, est un monument élevé par *le roi Denis*, au XIIIᵉ siècle, dans le style français ; il peut être comparé à nos monuments d'architecture militaire de la même époque.

Donjon de Béja.

Le *couvent de Batalha*, dont je vous ai déjà montré la façade principale, contient des bâtiments de deux époques. Jusqu'à la partie inachevée, toute la partie gauche a été construite par le roi Jean Iᵉʳ, puis la droite a été entreprise par Dom Manoël et n'a jamais été achevée; cette dernière partie est le chef-d'œuvre de l'archi-

Vue générale du couvent de Bathalha.

lecture manuéline; on l'appelle *la Chapelle imparfaite*; elle est fort célèbre. La partie exécutée par le roi Jean Ier remonte à la fin du XIVe siècle et au commencement du XVe, tandis que la Chapelle imparfaite est du début du XVIe siècle, c'est-à-dire qu'elle est postérieure d'environ cent ans à la première construction.

Intérieur de la Chapelle imparfaite.

La Chapelle imparfaite était destinée par le roi dom Manoël à recevoir son tombeau; vous pouvez apercevoir les armes répétées à satiété de ce protecteur des navigateurs; elles consistent dans une *sphère armillaire*, c'est-à-dire coupée par un cercle dans le plan de l'écliptique.

Tour de Belem.

La *tour de Belem* est un singulier monument, qui produit sur l'étranger arrivant par mer un effet saisissant, c'est la première chose qu'il aperçoit en entrant dans le Tage. Elle est situé à six kilomètres de l'embouchure du fleuve et à cinq kilomètres de Lisbonne. On s'arrête en face, et c'est là qu'on reçoit la visite de la santé. Ce monument a été construit par Jean II et le roi dom Manoël, qui lui a succédé; c'est un mélange singulier des styles byzantin, arabe, gothique, renaissance; c'est bien l'expression du sentiment régnant chez les Portugais au moment où cette tour a été construite comme pour dominer la mer. Vous pouvez y voir la croix de l'ordre du Christ, auquel les infants de Portugal appartenaient et dont ils étaient souvent les grands maîtres.

Permettez-moi de vous citer quelques lignes qu'Edgar Quinet a consacrées à ce monument.

« Le lendemain, dit-il, nous entrons dans le Tage. Les collines,
« en s'arrondissant au loin, forment une immense conque où la
« ville s'étale en spirales nacrées jusque sur les cimes. Je cher-
« chais des yeux quelque mur noir contemporain de Camoëns;
« j'aperçus, à l'avant du navire, un vieux monument dont l'impres-
« sion se confondra toujours pour moi avec celle du Portugal. Ima-
« ginez, dans le Tage, une vieille citadelle dont les tours gothiques
« sont portées sur de gigantesques hippopotames de granit, quel-
« ques-uns nageant à fleur d'eau et les autres se vautrant dans les
« sables. Je voyais cette vieille forteresse marcher dans le fleuve au-
« devant de la mer. Des naseaux de pierre battus par les flots sortait
« comme le mugissement d'un peuple amphibie. Je me représentais
« la citadelle pavoisée, portée au loin par les troupeaux marins à
« travers les détroits, les océans de Vasco de Gama, de Magellan,
« d'Albuquerque, et les Lusiades naufragées apparaissaient et se

« relevaient avec les bruits de la lame mêlés au son des cloches du
« soir.

« Quand les anciens navigateurs, après avoir conquis des mon-
« des, rentraient dans leur pays, ils débarquaient devant le seuil du
« monastère de Belem; c'était la porte par laquelle devaient entrer
« tous les triomphes du Portugal, comme l'a dit un annaliste du
« XVIᵉ siècle. »

L'église des frères Hiéronymites de Belem, dont je vous ai montré le portail que décore la statue de l'infant dom Henrique, a remplacé la petite chapelle dans laquelle Vasco de Gama a passé la
nuit avant de partir pour l'Inde.

L'intérieur de cette église, de style manuélin, est très original;
cela ne ressemble à rien de connu. C'est encore du style gothique,
vous sentez cependant le commencement de la Renaissance; mais,
voyez ces piliers, ce sont des cocotiers: ils sont couverts d'instruments de navigation. Voilà l'art portugais dans ce qu'il a produit
de plus neuf et de plus beau.

Le cloître de ce même couvent est également fort remarquable.

L'ordre religieux et militaire du *Christ*, qui a remplacé celui des
Templiers, avait son principal établissement à *Thomar*, où il reste
des constructions de diverses époques, allant depuis le XIIᵉ jusqu'au
XVIIᵉ siècle; il serait très intéressant de restaurer, ou plutôt de res-
tituer ce monument, qui a été fort beau, parce que l'ordre du
Christ était très riche.

Le *château royal de Cintra*, à six lieues de Lisbonne, est construit
sur le plan et sur l'emplacement d'un château arabe. Les tours
bizarres, coniques, que vous apercevez sont les cheminées de la
cuisine construite par dom Manoël. C'est dans cette ville de
Cintra qu'a été signée la convention de 1808 qui stipulait l'éva-
cuation du pays par les Français.

Le *château de la Péna*, à Cintra, a été en grande partie reconstruit il y a une quarantaine d'années. Il couronne le sommet le
plus élevé de cette petite chaine de montagnes, à une hauteur de
589 mètres : nous sommes à une petite distance de la mer, qu'on
aperçoit fort bien. Cette petite forêt (*Serra de Cintra*) est extrêmement pittoresque, elle contient des arbres fort beaux, et est
pleine de camélias, de fougères arborescentes, etc.

La *tour de ce château de la Péna* reproduit celle que Dom
Manoël avait fait construire, et au sommet de laquelle il est monté

souvent, cherchant à découvrir si ses capitaines ne revenaient pas de leurs grandes navigations.

Parlons un peu *du château et du couvent de Mafra.* Ce fut une grande folie, c'est le Versailles et l'Escurial du Portugal. Le roi Jean V, monté sur le trône en 1706, n'ayant pas d'enfant, fit vœu, s'il avait un fils, d'élever le plus magnifique couvent à l'ordre monastique le plus pauvre de son royaume. Il eut un fils, qui fut le roi Joseph, sous lequel la terre trembla en 1755, et qui fut si bien servi par son célèbre ministre, le marquis de Pombal. Pour célébrer cette naissance, le roi construisit ce monument à l'imitation de Versailles, de 1717 à 1730. Il confia cette construction à *Ludovisi,* architecte allemand, qui la remplit d'une grande quantité de statues dues à un Italien, *Giusti,* et à ses élèves. Il y a 866 chambres dans ce château de Mafra. Il comprend également un couvent pour trois cents moines. Le toit est plat; on prétend que dix mille hommes pourraient y être passés en revue à la fois. Le château a coûté 40 millions de francs, mais à la mort de Jean V, il ne restait pas un sou dans les coffres du Trésor.

Au centre de Lisbonne se trouve la place du Commerce, qui a été reconstruite en 1760, après le tremblement de terre. Au milieu s'élève la statue équestre colossale, en bronze, du roi Joseph. C'est une œuvre portugaise; le sculpteur et le fondeur sont portugais. Sur le socle, le roi reconnaissant et juste a fait placer le médaillon de son grand ministre, le marquis de Pombal.

A 60 mètres de la statue coule le fleuve, dans lequel on voit encore deux colonnes qui rappellent un événement épouvantable : Sur cette place, après les premières secousses du tremblement de terre de 1755, se réfugièrent un grand nombre d'habitants affolés : un raz de marée se produisit au moment d'une nouvelle secousse, et tous furent engloutis sans qu'on n'ait jamais revu un seul cadavre.

Voici une marchande de poissons de Lisbonne : c'est à peu près le seul costume pittoresque subsistant en Portugal. Vous voyez qu'elle a une large croix d'or sur la poitrine et que ses jupes sont serrées au-dessous de la ceinture, ce qui lui permet de porter un poids considérable sur la tête.

L'eau est amenée à Lisbonne par un *aqueduc* construit au XVIIIe siècle. Comme vous le voyez, les environs de la capitale sont très dénudés, ainsi que ceux de Constantinople, avec laquelle Lisbonne offre quelque analogie. Il n'y a presque pas d'arbres ; il faut aller jusqu'à la Serra de Çintra, à six lieues de là, pour trouver une végétation luxuriante.

La *rue San Antonio*, la principale rue de Porto, est, comme toutes les autres rues de cette ville, inclinée suivant une pente très rapide, si rapide même qu'on ne comprend pas comment les chevaux peuvent s'y tenir : jamais un cheval parisien ne pourrait circuler dans ces rues : celle-ci se termine par la *tour dos Clérigos*, qui a été élevée par le clergé et à ses frais au milieu du siècle dernier. *Rue San Antonio à Porto*

Voici *le pont de Dona Maria Pia*, reine douairière et mère du roi actuel ; il a été jeté par M. Eiffel sur le Douro, à Porto ; il est très élevé, très élégant, très léger et très hardi. *Pont de Dona Maria à Porto.*

Dans *la forêt de Bussaco*, qui dépendait d'un couvent, on rencontre des cèdres et autres arbres magnifiques, dont certains sont issus de graines rapportées de l'Inde au xvie siècle. *Forêt de Bussaco.*

Enfin, il y a bien loin de la Grèce au Portugal, et encore plus loin de l'art portugais à l'art grec ; cependant, je ne résiste pas au plaisir de vous montrer *deux bas-reliefs grecs* trouvés à Herculanum, et appartenant à un gentilhomme portugais, le duc de Loulé, qui les a déposés au musée de Lisbonne, dont ils sont les œuvres les plus remarquables. *Deux bas-reliefs grecs appartenant à M. le duc de Loulé.*

TABLE

1907. — L.-Imprimeries réunies, B, rue Mignon, 2. — MAY et MOTTEROZ, directeurs.

4007. — L.-Imprimeries réunies, B, rue Mignon, 2. — MAY et MOTTEROZ. directeurs.